KB253895

이렇게 답하라
예화로 풀어보는 기독교 변증
The God Conversation

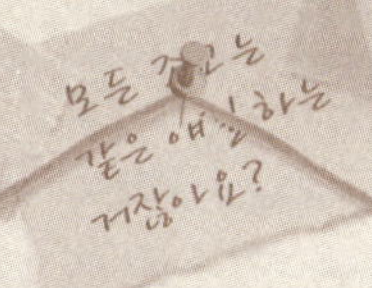

J. P. 모어랜드 · 팀 뮬호프 지음
박세혁 옮김

이렇게 답하라

예화로 풀어보는 기독교 변증

The God Conversation

새물결플러스

10년 전, 나는 이 책의 공저자 중 한 사람인 모어랜드를 윌로우 크릭 커뮤니티 교회에 초대하여 과학과 신앙에 대한 강연을 들은 적이 있다. 강연이 끝나고 한 진지한 회의론자가 모어랜드에게 기적은 자연의 법칙을 뒤집기 때문에 불가능한 것이 아니냐는 도전적인 질문을 던졌다.

모어랜드는 "사실 자연의 법칙이란, 세상이 일반적으로 어떻게 작동하는지를 우리가 묘사한 것에 불과합니다. 누군가가 사과를 떨어뜨리면 사과는 바닥에 떨어집니다. 이것이 중력이지요. 그러나 누군가가 사과를 떨어뜨리고 그 사과가 바닥에 닿기 전에 제가 손을 뻗어 잡는다고 해도 그것은 중력의 법칙을 뒤집는 것이 아닙니다. 저는 그저 개입했을 뿐이지요. 이와 비슷하게 하나님이 기적을 행하시는 것은 하나님이 만드신 세상에 개입해 들어오실 수 있다는 것을 보여 주는 것입니다. 그분은 자연의 법칙을 거스르거나 뒤집지 않으시고 그저 개입하실 뿐입니다"라고 말했다.

모어랜드는 그 날 밤 멋진 이야기를 아주 많이 들려주었다. 그의 강연 전체가 매우 인상적이었던 걸로 기억한다. 하지만 그렇게 오랜 시간이 지난 후에도 나의 기억 속에 가장 선명하게 남아 있는 것은 땅에 떨어지는 사과에 관한 간단한 예화이다. 이것이 좋은 예화가 가지고 있는 힘이다. 좋은 예화는 추상적인 개념을 살아 움직이는 것으로 만든다. 또한 좋은 예화는 우리의 흥미를 유발시키며 오랜 시간 동안 우리 마음속에 머물러 있다.

내가 윌로우크릭 커뮤니티 교회에서 교육 목사가 되었을 때 좋은 예화가 이런 힘을 갖는다는 것을 더욱 분명히 알게 되었다. 건조한 데이터만 나열하는 설교 시간에는, 사람들은 등을 의자에 기대고 앉아 있기만 한다. 어떤 문제를 장황하게 설명하기 시작할 때면 사람들은 긴장이 풀리는 듯하다. 하지만 생생한 예를 들거나 재미있는 이야기나 적절한 일화를 소개할 때면, 사람들은 자세를 바로하고 몸을 앞으로 기울인다. 사람들의 몸짓을 보면 알 수 있다. 예화는 사람을 사로잡는다. 그러니 예수님이 비유를 그렇게 많이 사용하신 것도 당연한 일이다.

모어랜드와 뮬호프가 좋은 예화로 가득한 훌륭하고 실용적인 책을 내놓았다. 그들은 평생의 경험을 활용하여 악의 문제와 타 종교, 부활과 윤리, 하나님의 존재에 이르는 폭넓은 주제에 관한 예화를 소개하고 있다.

이 책에는 당신의 친구와 이웃, 직장 동료 및 가족과 함께 영적인 대화를 할 때 활용할 수 있는 창의적인 자료들로 가득하다. 이 책은 기독교에 대해 쉽게 이해할 수 있도록 효과적으로 전하고자 할 때 큰 도움을 줄 것이다. 지금은 세상을 떠난 복음전도자 폴 리틀은 "쿠키를

 이렇게 답하라 예화로 풀어보는 기독교 변증

가장 아래 선반에 두세요"라고 말하곤 했다. 다시 말해서 통찰과 지혜가 가득 담긴, 기억하기 쉬운 예화를 통해서 복잡하고 논쟁적인 주제를 이해하기 쉽게 전달하라는 것이다.

이 책을 다 읽고 나면 당신은 그리스도에 대한 메시지를 다른 이들에게 더 잘 전할 수 있게 되고, 전하고 싶어 하는 마음도 더 커질 것이다. 하나님이 복음을 향하여 사람들의 지성을 열고 그들의 마음을 뜨겁게 하시려고 얼마나 많이 예화를 사용하시는지 당신은 금세 알게 될 것이다.

아, 그리고 읽기 전에 노란색 형광펜을 준비하라.

꼭 필요하다!

리 스트로벨
(『리 스트로벨의 예수 그리스도』의 저자)

차례

마침내 때가 왔다. 당신은 몇 주 동안 기도하면서 동료와 하나님에 관한 이야기를 나눌 기회를 기다려 왔다. 그리고 기회는 예상하지 못한 순간에 찾아왔다. 점심을 먹으면서 당신이 하고 있는 일과 운동에 대해서 이야기를 하던 도중 하나님에 관한 이야기를 하게 된 것이다. 30분 동안 당신은 하나님에 대해서, 그리고 그분이 당신의 삶 속에서 어떤 일을 행하셨는지에 관해서 이야기했다. 당신의 친구는 몇 가지 질문을 하기는 했지만, 주로 듣는 쪽이었다.

이제 대화는 끝났다.

책상으로 돌아온 당신의 머릿속에 수많은 질문이 떠오른다. '내가 한 말에 대해서 친구는 어떻게 생각하고 있을까? 내가 한 말은 뜻이 통했을까? 다음에 식당에서 만나면 그 친구가 나를 피하려 할까? 이 대화를 통해서 친구는 무엇을 얻었을까?'

마지막 물음에 대한 대답은 그다지 희망적이지 못하다. 의사소통을 연구하는 이들은 사람들이 대화를 마치는 즉시 그들이 나눈 대화의 절반은 잊어버린다고 말한다. 절반이나! 설상가상으로, 여덟 시간이 지나면 대화 내용의 20퍼센트 정도밖에 기억하지 못하게 된다.

그렇다면 사람들이 기억하는 것은 무엇일까? 사례들이다.

당신이 대화하면서 사용한 예화나 이야기, 인용구 등은 대화가 끝난 후에도 오랫동안 친구의 머릿속에 남는다. 의사소통 전문가들에 따르면, 모든 대화에서 가장 중요한 부분은 "이런 식으로 생각해 보자" 혹은 "예를 들어 ……" 라고 말할 때이다. 예화는 영업사원이 상품을 소개한 후에 당신에게 건네는 명함과도 같다. 당신이 사용한 예화는 대화 속에서 당신이 펼쳤던 주장을 마치 명함처럼 다시 생각나게 해준다. 그 영업사원의 명함을 볼 때마다 그가 했던 말을 다시 떠올리게 된다. 이와 비슷하게 친구가, 믿음을 설명하기 위해 당신이 사용했던 예화를 생각할 때마다 그 친구는 당신이 했던 주장에 대해서 기억하게 될 것이다.

「월스트리트저널」은 코미디언 밥 호프가 자신의 예화를 너무나도 아낀 나머지 15센티미터 두께의 철문이 달린 커다란 금고를 만들어서 그 안에 예화와 농담, 인용구를 모은 서류철을 넣어 두었다고 보도한 적이 있다. 이야기와 예화를 모으고 소중하게 간직해야 할 사람이 밥 호프만뿐일까? 아니다. 그리스도인들도 사람들에게 들려줄 예화를 모아야 할 필요가 있다.

베드로는 우리 각자가 우리 안에 있는 소망을 잘 설명할 준비를 해야 한다고 말한다(벧전 3:15). 오늘날에는 설명해야 할 것들이 무척이나 많다.

- 고통으로 가득한 이 세상 속에서 하나님은 왜 더 적극적으로 활동하시지 않는가? 우리의 고통에 관심이 없으신 것일까?

- 불교도, 이슬람교도, 유대교도, 힌두교도 모두 그리스도인들만큼 신실하다. 어떻게 그리스도인들은 자신들만이 참 하나님을 안다고 주장할 수 있을까?
- 우리 모두는 우리 자신의 삶의 방식을 선택할 권리가 있다. 그렇지 않은가? 만약 다른 사람에게 해가 되지 않는다면, 우리는 원하는 대로 살 권리가 있다. 당신처럼 생각하지 않는다는 이유만으로 다른 사람들을 죄인이라고 부를 수는 없는 것이다.

하나님과 기독교 신앙에 관해서 갖는 친구들의 생각과 질문에 대해서 우리는 조심스럽게 대답해야 한다. 이런 물음에 제대로 답하기 위해서는 성경을 공부하고, 기독교 사상가들의 책을 읽고, 성령에 민감해야만 한다. 또한 분명하고 쉽게 기억할 수 있는 대답을 하기 위해서는 생생한 예화도 사용해야 한다.

이 책에서는 믿지 않는 친구들과 동료들, 가족들이 대화가 끝난 후에도 오랫동안 기억할 수 있는 예화들을 소개한다. 이 책에서는 대화, 블로그, 이메일, 편지와 연설 속에서 기독교 세계관을 설명할 때 유용한 예화와 이야기, 인용구 등을 풍부하게 제공한다.

이 책을 쓴 저자들은 다 합해서 70년 동안 학생들과 목회자, 교사, 평신도들에게 변증학을 가르쳐 왔다. 그리고 300군데가 넘는 대학교에서 변증학 강연을 했다. 우리는 가장 좋아하는 예화와 이야기, 인용구를 독자들과 나누기 위해 이 책을 썼다.

이 책에 담은 예화들은, 시사(9·11 테러, 허리케인 카트리나, 화성 탐사, 보스니아 전범 재판, 버지니아 공대 총기 난동 사건)와 영화(「크래쉬」, 「캐치 미 이프 유 캔」, 「에린 브로코비치」, 「트루먼 쇼」), 텔레비전의 인기 프로그램(「아메리칸 아이돌」, 「마이 네임 이즈 얼」, 「성범죄 전담반」, 「지명수배」), 대중문화의 유명인사(보노, 오프라 윈프리, 샤론 스톤)와 예수님의 비유로부터 온 것들이다. 또한 윌리엄 페일리, C. S. 루이스, 앨빈 플랜팅가, 마키아벨리, 오스 기니스, 존 스 토트, 노먼 가이슬러, 앨런 더쇼위츠, 마틴 루터 킹 주니어를 비롯한 과거와 현재의 사상가들이 사용했던 매우 효과적인 예화들도 수록하 였다. 모든 예화들은 짧고도 기억하기 쉬운 것들이다.

이 책의 구성에 대하여

이 책은 당신의 친구들이 가진, 기독교의 진리를 받아들이기 매 우 어렵게 만드는 전제들을 중심으로 구성하였다. 철학자들은 이 러한 전제들을 줄여서 **배척자의 신념**(defeater beliefs)이라고 부른다. 예를 들어, 당신의 이웃 중에는 모든 종교가 똑같이 하나님에게 이 르는 길이라고 믿는 사람들이 있을지도 모른다. 이런 믿음을 가지 고 있기 때문에 기독교가 하나님에게 이르는 유일한 길이라는 것 은 진리일 수가 없다고 믿는 것이다. 다른 사람들을 판단하는 것이 잘못된 것이라는 신념을 받아들이는 사람이 당신의 가족 중에 있 을지도 모른다. 따라서 그들은 사람들을 도덕적으로 판단할 권위 가 성경에 있다는 당신의 믿음이 참일 수가 없다고 생각한다. 예수 의 시대에 살던 사람들은 잘 속아 넘어갔고 미신적이었으며, 그들 의 기적에 대한 믿음은 과학 이전의 문화의 잔재일 뿐이라고 믿는 동료가 있을 수도 있다. 우리가 사는 과학의 시대에도 여전히 그런 기적을 믿는다는 것은 어리석은 일일 뿐이(라고 그들은 믿는)다.

이 책에서 우리는 당신이 기독교 신앙을 다른 이들과 나누려고 할 때 가장 흔히 부딪히는 다섯 가지 배척자의 신념에 대해 다루고자

 이렇게 답하라 예화로 풀어보는 기독교 변증

한다.

1. 오늘날 세상에 가득한 모든 고통과 아픔을 보건대, 하나님은 선한 분일 수가 없다.(2장과 3장)

2. 불교도, 이슬람교도, 힌두교도, 유대교도도 기독교도만큼 신앙에 있어서 진실하기 때문에, 기독교만이 하나님에게 이르는 유일한 길은 아니다.(4장과 5장)

3. 제자들이 전한 부활 이야기에서는 전설이 사실을 대체했기 때문에, 예수님이 죽은 자들 가운데에서 다시 살아나셨다는 성경의 설명은 믿을 수 없는 이야기다.(6장과 7장)

4. 모든 사람에게 해당하는 옳고 그름에 대한 판단의 기준이란 것은 존재하지 않기 때문에, 당신은 다른 사람을 판단할 수 없다. (8장과 9장)

5. 진화는 사실이기 때문에, 하나님이 자기 형상대로 우리 각자를 만드셨다는 주장은 참이 아니다.(10장과 11장)

이러한 신념에 대한 우리의 논의를 통해서 이 책의 독특한 특징을 보여 줄 것이다. 이 책의 그러한 특징이 기독교 세계관을 더 쉽게 전하는 데에 도움이 되기를 바란다.

첫째로, 우리는 각 장을 대화 형식으로 구성했다. 이 책의 목적은 당신으로 하여금 일방적인 강의가 아닌 진정한 **대화**를 이끌게 하는 데에 있다. 대화는 글로 적을 수 없는 것이다. 대화는 많은 샛길과 우회로가 있는 여행과도 같다. 당신은 당신의 관점을 제시하고, 상대방은 질문을 하거나 이의를 제기하기도 한다. 참된 대화에서 질문은 성가신 방해물이 아니라 참여할 수 있는 기회가 된다. 이 책에서 우리는 의심을 품고 있는 당신의 친구들이 기독교 세계관에 대해 제기할 수 있는 반대 의견을 예측해 보려고 노력했다.

둘째로, 대부분 우리의 대답은 상당히 폭넓기는 하지만 그럼에도 빙산의 일각을 건드린 것뿐이라는 것을 알고 있다. 사실 이 책 한 권에서 다룬 문제 하나하나에 대해서 쓴 많은 책들이 있다. 그래서 각각의 주요 주제에 대한 논의를 마친 다음, 각 장의 마지막에서 이 책의 논의를 보충하기 위해 더 읽어 볼 책들을 소개한다.

마지막으로, 우리는 각 장을 여러 부분으로 잘게 나누었다. 각 장이 하나의 길고 복잡한 대화라고 생각한다면 대화를 시작하기도 전에 부담을 느끼고 대화 자체를 포기해 버릴지도 모른다. 목표는 몇 날, 몇 주, 심지어는 몇 년에 걸쳐서 수차례 대화를 갖는 것이다. 그러면서 직장 동료나 친구들이 기억하고 받아들일 만한 예화를 툭툭 던지는 것이다. 이 책을 쉽게 읽고 빨리 복습할 수 있도록 각각의 이야기와 예화는 눈에 띄게 해놓았다. 이 책에서는 각각의 물음에 대해 간략하고 읽기 쉬우며 사용하기 쉽게 답변을 제시해 놓았다. 각자의 전문 지식을 동원해서 당신이 이러한 답변을 실제 대화 속에서 사람들에게 실제로 잘 전할 수 있도록 돕기 위해 노력했다. 이 마지막 특징은 이 책을 변증학에 관한 여느 책과 구별시켜 주는 점이라고 생각한다. 이 책이 당신의 신앙을 효과적으로 잘 전할 수 있는 데에 도움이 되는 신선한 통찰과 새로운 방법을 제공한다면 우리의 노력은 성공적이었다고 할 수 있다.

당신이 가장 아끼는 사람들과 하나님에 관한 풍성한 대화를 나눌 수 있기를 기도한다. 이러한 대화 속에서 당신이 사용하는 예화들

   이렇게 답하라 예화로 풀어보는 기독교 변증

이, 확신하게 하시는 성령의 능력과 더불어 각 사람의 마음속에 계속 남아있을 것이며, 그들로 하여금 기독교의 진리와 씨름하도록 만들 것이다.

1장
예화의 힘

결국 성인용 책을 파는 서점이 문을 열었다. 남부의 작은 마을에 살았던 사람들은 큰 충격을 받았다. 평생 그 마을에 살고 있던 두 할머니는 매우 화가 나서 시장과 지역 공무원들에게 항의해 보았지만 소용이 없었다. 그래서 이 문제를 직접 처리하기로 마음먹었다. 그 서점이 영업을 시작하면 두 할머니 중 한 사람이 서점 바깥에 카메라를 들고 서서 서점에서 나오는 모든 사람들을 사진으로 찍었다. 날마다 서점의 손님들은 예상치 못한 카메라 단속에 당황할 수밖에 없었다. 두 달이 지나자 손님이 뚝 끊겼고 서점은 문을 닫았다. 나중에 두 할머니 중 한 분은 카메라에 필름이 없었다고 고백했다.

나(뮬호프)는 이 이야기를 읽은 지가 20년이 넘었다. 아직도 나는 이 이야기를 자세하게 기억하며, 그 책의 저자가 무슨 주장을 하려고 했는지 잊지 않는다. 지역 사회 활동에 참여하는 일은 지금 시작해도 결코 늦지 않았다는 말이다. 우리가 이 책을 쓰는 것은 의사소통에서 위와 같은 예화가 반드시 필요한 핵심 요소라고 믿기 때문이다. 많은 사람들이 이를 확신한다. 로마의 철학자이자 정치가였던 세네카는 "규칙은 배우는 사람의 길을 길게 만들지만, 실례는 그것을 짧고도 성공적으로 만든다"라고 말했다. [1]

예화의 목적

왜 예화가 그렇게도 중요할까? 적어도 네 가지 이유를 생각해 볼 수 있다.

첫째로, 좋은 예화는 비그리스도인 친구에게 당신이 제시하고자 하는 생각을 분명하고 이해하기 쉽게 전달해 준다. 잘 만들어진 예화는 그 의미를 증폭하고 생생하게 보여줌으로써 전하고자 하는 생각을 더욱 분명하게 만들어 주며, 이를 통해 이해를 도와준다.

우리는 자신이 믿고 있는 바에 관한 실례와 예증을 들어주는 사람들을 존경한다. 한 친구가, 누군가를 설득하고자 할 때 설득하는 사람의 신뢰성이 얼마나 중요한가에 관해서 이야기하였다. 그 친구는 누군가가 예를 들어 달라고 할 때까지는 상당히 이론적인 관점에서 설명하였다.

그 친구는 한 의사소통 전문가와 그 전문가의 헬스클럽 동료 회원에게 한 가지 실험을 했던 일에 관해 이야기했다. 이 전문가는 클럽에 있는 사람들에게 다가가서 최근 유행하는 다이어트에 대해 들어본 적이 있는지 물었다. 이 다이어트 방법은 초콜릿을 좋아하는 자신의 취향을 기초로 하여 전적으로 그가 만들어 낸 것이었다. 그러나 이 전문

 이렇게 답하라 예화로 풀어보는 기독교 변증

가는 클럽의 회원들에게, 이 다이어트를 고안한 사람들은 과체중인 사람들이 정상적인 식사를 하면서 적당히 운동을 하고 거기에다 하루에 초콜릿 크림 케이크를 세 개씩 먹는다면 살이 빠질 것이라고 주장했다고 말했다. 또한 초콜릿 크림 케이크에는 칼로리를 공격하는 특수한 영양분인 엔코미얼 다이옥신이 함유되어 있다는 사실이 최근에 발견되었다고 덧붙였다.

"에이, 농담이죠!" 그의 이야기를 들은 사람들은 대부분 이렇게 반응했다.

그 전문가는 의아해하는 눈빛을 무시하면서, 헬스클럽 회원들에게 이 다이어트는 이미 임상실험을 거쳤고 존스홉킨스 대학의 전문가들에게도 인정을 받았다고 말했다. "존스홉킨스"라는 말을 듣자마자 사람들의 반응이 달라지더니 이 다이어트에 대해서 질문하기 시작했다. 유명한 대학교의 신뢰성 때문에 말도 안 되는 이야기가 그럴듯하게 들리기 시작한 것이다.

이 친구 이야기를 듣고 사람들은 웃었지만 그가 무슨 말을 하는지 바로 이해할 수 있게 되었다. 잘 알려진 기관의 신뢰성을 동원하면 매우 설득력 있는 주장을 펼칠 수 있다는 말이었다.

하나님의 존재나 기독교의 독특성에 관한 주장을 믿지 않는 친구들에게 전하고자 할 때 이런 식으로 주장을 분명하게 만드는 것은 매우 중요하다. 이 책에 있는 예화들은, 당신뿐만 아니라 이웃이나 직장 동료들과 하나님의 존재나 그리스도의 유일성에 대한 주장을 이해하는 데에 도움이 될 것이다. 이 책에 있는 몇 가지 주장들은 당신에게도 새로운 것일지 모른다. 우리는 이 책에 있는 예화들이 당신을 비롯한 당신의 친구들이 이러한 주장을 더욱더 분명히 이해하는 데에 도움이 되길 바란다.

둘째로, 친구들로 하여금 당신의 주장을 기억하도록 돕는 데에 예화의 목적이 있다. 대화가 끝났을 때 친구는 당신이 사용했던 예화를 잊지 않고 기억하게 될 것이다. 예수님도 이를 아셨고 예화의 힘을 활용하셨다. 성경에 나타난 시대에는 메모가 가능한 노트북 컴퓨터나 블랙베리 같은 스마트폰이 없었기 때문에 기억하기 쉬운 단어가 특히 중요했다.

다음번에 복음서를 읽을 기회가 있으면, 예수님이 예화를 어떻게 사용하셨는지 주의 깊게 살펴보라. 등경 아래의 등불(눅 8:16)과 산 위에 있는 동네(마 5:14), 선한 사마리아인(눅 10:25-37), 낙타와 바늘귀(막 10:25)는 오랜 시간이 지나도 기억에 남는 예화들이다. 2천 년이 지나도 우리는 여전히 예수님이 사용하신 생생한 예화를 기억하고 사용한다.

개념은 잊기 쉬워도 이야기는 오래도록 남아 효과를 발휘한다. 우리가 잘 만든 예증과 사례를 대화 속에 많이 집어넣을수록 우리가 나눈 대화는 더욱더 오래 기억에 남을 것이다.

셋째로, 좋은 예화를 통해서 지루하게 만들지 않으면서도 하고자 하는 주장을 반복해서 말할 수 있다. 일방적인 강연을 좋아하는 사람은 없다. 아이들이 부모의 일장 연설을 들을 때면 안절부절못한다는 것을 부모들은 다 안다. 하지만 아이들은 **당신이** 어떻게 자랐는지, 아이들이 지금 당면한 문제들과 비슷한 문제를 놓고 **당신이** 어떻게 씨름했는지를 듣는다면 더 집중을 잘할 것이다. 이렇게 함으로써 연설을 통해서 펴는 주장과 똑같은 주장을 훨씬 더 효과적인 방식으로 할 수 있다.

똑같은 원리가 변증적인 대화에도 그대로 적용된다. 예를 들어서,

 이렇게 답하라 예화로 풀어보는 기독교 변증

지적 설계에 대한 주장에 대해서 논의하는 10장에서 우리는 이 주장이 세 가지 핵심 사상에 기초해 있는 것을 밝힌다.

1. 설계가 있다면, 설계자가 있다.
2. 우리의 몸과 우리 주위의 세상을 볼 때 설계의 흔적이 분명히 나타난다.
3. 우리 자신과 세상 속에서 설계의 흔적을 확인할 때 지적인 설계자가 존재한다는 것을 분명히 알 수 있다.

말이 된다. 그렇지 않은가? 하지만 친구와 대화할 때 이 세 가지 사상을 반복해서 주장하기만 하면 그 친구는 위압적이라는 느낌을 받을 것이다.

이 세 가지 사상을 단순히 반복하는 대신에, 인간의 눈을 고성능 망원경에 비유하는 윌리엄 페일리의 예증을 들려주라. 이 예증을 통해서 페일리는 눈과 망원경 모두 광선을 반사하고 물체에 초점을 맞추기 위해 세심하게 설계되었다는 점을 지적한다. 페일리는 이 예증에서, 우리가 망원경을 솜씨 있는 기술자가 만들었다는 것을 인정한다면 인간의 눈을 설계한 신적인 기술자가 존재한다는 것 또한 인정해야만 한다고 결론을 내린다. 페일리가 주장하는 바는 앞서 열거한 세 가지 개념과 동일하지 않은가.

교육자들은, 페일리의 예증을 통한 성취를 **창조적인 반복**(creative redundancy)이라고 부른다. 즉, 똑같은 내용을 다른 방식으로 전달한다는 것이다.

마지막으로, 좋은 예화를 통해서 듣는 이의 관심을 계속해서 붙들어 둘 수 있다. 설교에 대한 강의를 하면서 로버트 데일은 "단조로움은 흥미 유발에는 치명적이다. 단조로운 목소리, 단조로운 스타일,

단조로운 지적 활동은 듣는 사람의 흥미를 잃게 만든다"[2]라고 말했다. 옳은 말이다. 그렇지 않은가? 변증적인 주장을 펼칠 때 세심하게 주의를 기울이지 않으면 일방적으로 수많은 사실을 전달하는 것에 그치고 만다. 만약 우리가 친구에게 예수님이 하나님이라는 것을 믿어야 할 다섯 가지 이유를 말해 준다고 하자. 첫 번째나 두 번째 이유를 말하고 나면 친구는 금세 흥미를 잃어버릴지도 모른다. 예화를 통해서 친구들의 관심을 다시 끌어올 수 있다. 또한 잘 만들어진 예화는 상대방이 대화에 적극적으로 참여하게 할 수도 있다. 이 책에 수록된 많은 예화들에서, 실제 혹은 가상의 이야기나 상황에 대해 듣는 이로 하여금 반응하도록 유도하는 것도 이러한 까닭이다.

예를 들어서 다음 장에 있는 많은 예화들은 회의적인 친구의 관점을 접고 하나님의 관점에서 삶을 바라보게 한다. 당신의 친구가 하나님이라면 이 세상의 악을 멈추기 위해 무엇을 하려 할까? 일종의 인류의 마감 시한을 정했다고 하자. 그러면 친구는 그 마감 시한에 무엇을 할까? 테러리스트가 되려 하는 사람을 고압 전기로 죽여 비행기를 폭파하지 못하게 할 것인가? 모든 인간을 생각이 없는 꼭두각시로 만들어 버린다면 악이 없어지지 않을까? 이런 예화를 통해서 수동적 청취자였던 당신의 동료를 적극적으로 대화에 참여하도록 이끌 수 있다.

이 책을 효과적으로 사용하는 법

전문 연설가가 자신의 연설을 수차례 반복해서 연습하는 것처럼, 이 책의 독자들도 연습해 보기를 권한다. "시계가 시계공의 존재를 증명하지만 우주는 그것을 만든 위대한 설계자의 존재를 증명하지 못한

  이렇게 **답하라** 예화로 풀어보는 기독교 변증

다고 할 것 같으면, 차라리 나는 바보라는 소리를 듣겠다"라는, 11장에 있는 볼테르의 생각을 자극하는 경구처럼, 이 책에 수록된 많은 인용구들은 짧고 쉽게 기억할 수 있는 것들이다. 이 책의 예화들은 주의 깊게 만들고 편집해서 기억하기 쉬울 뿐더러 독자들이 자신의 말로 다시 풀어서 사용할 수도 있다. 이 책에서는 페일리의 유명한 시계 예증과 같은 핵심적인 예화를 어떻게 그 논증적인 힘을 잃어버리지 않고 다른 식으로 바꾸어 말할 수 있는지에 관한 실례도 소개한다. 따라서 이 책을 읽은 사람들은 어떤 대화에서도 사용할 수 있는 풍부한 자료를 얻게 될 것이다.

다음 장에서는 먼저 9·11 테러 이후의 시대를 살고 있는 우리에게 가장 절박한 이슈인 "세상은 악하기만 한데, 그래도 하나님은 선한 분인가?"라는 문제에 초점을 맞춘 예화들을 살펴보도록 하겠다.

2장

대재앙을 일으킨 하나님이 선하다고? (1)

고통에 관해서 생각할 때 어떤 이미지가 떠오르는가? 유감스럽지만 떠오르는 이미지가 너무 많아서 어떤 것을 골라야 할지 모를 지경이다. 2001년 9월 11일, 뉴욕의 쌍둥이 빌딩에서 짙고 검은 연기가 솟아오르던 광경, 11개국을 강타하여 수만 명의 사망자를 낸 태풍 쓰나미, 성탄절에 이라크 아이들에게 장난감을 나눠 주던 미군 병사들을 공격한 차량 폭탄 테러, 버지니아 공대 캠퍼스에서 광란의 무차별 총기 난사로 학생 33명이 목숨을 잃은 사건. 어쩌면 당신이 떠올린 이미지는 좀 더 사적인 것일지도 모른다. 오랜 병환으로 고통당하는 가족이나 친구처럼.

이러한 이미지들을 떠올릴 때면 의문이 생긴다. 하나님은 우리의 고통을 외면하시는가? 왜 애초에 악이 세상에 들어오도록 허용하셨을까? 9·11 테러 때 하나님은 어디 계셨을까? 왜 하나님은 고통과 아픔을 그냥 끝내지 않으실까? 이런 물음 앞에서 사람들은 당황하거나 절망하며, 때론 분노하기도 한다. 우디 앨런은 "하나님에 관해 확인된 유일한 사실은 하나님은 인간의 기대에 한참 못 미치는 분이라는 것입니다" 하며 빈정거린다.

이런 물음에 대답하기는 어렵지만 한 가지는 분명하다. 우리는 고통으로 가득한 세상에서 살고 있지만 그리스도인으로서 우리는 하나님이 선하시며 우리의 고통을 아시고 우리를 돌보시는 분이라고 믿는다. 고통의 존재와 이러한 믿음들이 어떻게 조화를 이룰 수 있을까?

악에 대한 생각

다른 어떤 이슈보다도 악의 문제는 감정을 격화시키고 대답할 수 없는 물음들을 촉발할 수도 있다. 삶 속에서 고통을 겪게 될 때 사람들은 단순히 하나의 감정만을 경험하는 것이 아니라 슬픔과 비통함, 혼란, 절망, 분노와 같은 감정의 소용돌이에 빠지는 경우가 많다. 이러한 감정들이 한 사람에게 어떤 영향을 미치는지, 신학자인 코르넬리우스 플랜팅가는 이렇게 묘사한다.

한 여인이 사랑하는 이가 누워있는 병실 문 밖에서 눈물을 참으며 물었습니다. "어디 실컷 소리 지를 수 있는 곳이 없나요?" 한 의사가 여인을 어딘가로 안내했습니다. 의사는 병원, 어쩌면 사무실과 가정마다 실컷 소리를 지를 수 있는 장소가 있어야 하지 않을까 생각했습니다.[1]

이렇게 답하라 예화로 풀어보는 기독교 변증

맞는 말이다. 그렇지 않은가?

비극적인 일을 당할 때, 누구나 크게 소리라도 질렀으면 한다. 기독교 공동체 바깥에 있는 사람들과 고통의 문제에 대해서 이야기할 때, 하나님에 대한 견해와 상관없이 **모든 사람들이** 이 문제와 씨름하고 있다는 점을 분명히 해야 한다는 점은 중요하다. 사람들은 자신의 개인적인 생각과 경험, 물음에 대해서 상대방이 초연하고 중립적인 태도를 취하는 것처럼 보이면 방어적으로 변하기 마련이다. 그러나 우리가 상대방의 관점에 공감하고 상대방의 상처나 힘겨운 싸움을 인정하는 태도를 취한다면 그 사람은 존중 받는다고 느낄 것이다. 그러므로 대화상대로 하여금 그리스도인인 당신이 고통의 문제에 관하여 중립적이거나 초연한 태도를 취하지 않는다는 것을 느끼도록 하라. 우리도 실컷 소리라도 질러보고 싶을 때가 있지 않은가.

하나님과 악에 관한 물음에 대해 서둘러 대답하려 하지 말고 사람들의 감정을 인정해 주는 예화를 들려줌으로써 대화를 시작해 보라. 기독교의 가장 위대한 변증가 중 하나였던 C. S. 루이스도 그들과 똑같은 물음과 감정을 놓고 씨름했다고 말해 주라.

루이스의 절규

C. S. 루이스는 자기의 아내 조이 그레샴이 암으로 죽었을 때 말할 수 없는 절망감을 느꼈다. 『헤아려 본 슬픔』(홍성사 역간)에서 루이스는 아내를 잃은 후 느낀 분노와 혼란에 대해서 말한다. "하나님은 어디 계시는가? …… 그러나 다른 모든 도움이 헛되고 절박하여 하나님께 다가가면 무엇을 얻는가? 면전에서 쾅 하고 닫히는 문, 안에서 빗장을 지르고 또 지르는 소리. 그리고 나서는, 침묵. 돌아서는 게 더 낫다."[2]

루이스는 실컷 소리 지를 수 있는 곳이 있다면 그곳으로 달려갔을 것이라고 솔직하게 말한다. 사실 아내가 회복되기를 너무나도 간절히 기도했음에도 그렇게 아내를 떠나보낸 후에 C. S. 루이스는 하나님에게 고함을 쳤다. "하나님이 자비를 보이실 때면, 그분은 또 다른 고통을 내릴 준비를 하고 계셨던 것이다. …… 이것은 내가 지난밤에 쓴 글이다. 그것은 생각이라기보다는 차라리 절규였다." [3)]

C. S. 루이스의 힘겨운 싸움을 이야기한 다음에 친구에게 어떤 감정을 느꼈는지 말해 줄 수 있는지 물어보라. 친구는 하나님에게 배신당했다고 느끼는가? 고통 때문에 하나님에게 고함이라도 지르고 싶은 심정인가? 고통은 어떤 물음을 불러일으키는가?

다른 사람의 감정을 인정해 주는 것은 어렵지 않다. 우선 공감은 사람들로 하여금 당신이 그들의 물음과 감정의 의미를 이해하려고 노력하고 있다는 것을 알게 한다. 그리고 공감은 그들의 감정이 당신에게도 중요하며 당신 자신도 그와 똑같은 의심이나 감정과 씨름한다는 것을 알려 준다. 한 신학자는 "고통 가운데서 하나님에 관한 인간의 모든 의문이 생겨난다"라고 주장했다. [4)] 우리가 인간으로 존재한다는 것은 곧 악의 실체와 씨름한다는 것을 의미한다.

그리스도인과 그리스도인이 아닌 사람 모두가 악의 문제와 씨름한다는 것을 말해 준 다음에는, 고통을 당하는 사람들이 제기하는 신랄한 물음에 대해 답변할 준비를 하라. 아래의 물음들은 번호를 매겨 놓기는 했지만 어떤 특정한 순서에 따라 배열된 것은 아니다. 왜냐하면 사람들이 악과 씨름할 때 그들의 머릿속에는 수많은 질문이 떠오르고 그런 질문은 서로 겹치기도 하고 심지어는 서로 모순이 되기도 한다.

답변을 읽을 때 각각의 물음에 대해서 따로 대화를 나누어야 하며 그 것은 며칠에서 몇 주까지 걸릴 수도 있다는 점을 기억하라.

물음 1: 왜 하나님은 악과 고통의 가능성을 허락하시는가?

2001년 9월 11일에 일어난, 미국을 겨냥한 최악의 테러 공격과 미국의 남부 해안을 강타한 최악의 자연 재해인 허리케인 카트리나, 미국 버지니아 공대에서 일어난 최악의 총기 난사 사건 등을 생각해 볼 때, 이런 질문을 던지는 것도 당연하다. 하나님이 존재하신다면, 왜 테러나 허리케인이 없는 세상을 만들지 않으셨을까? 이 물음에 제대로 답하기 위해서 우리는 하나님의 관점에서 생각해 보아야 한다.

효과적인 의사소통을 하기 위해서는 다른 사람의 관점을 취할 수 있는 능력을 갖추는 것이 중요하다. 관점 수용력(perspective-taking)이란 다른 사람의 관점을 취해서 그 사람의 눈으로 세상을 바라볼 수 있는 능력을 말한다. 다른 사람들이 특정한 상황을 어떻게 바라보는지, 그리고 그들에게 어떤 선택의 가능성이 있는지를 이해할 때에만 우리는 그들이 왜 그런 선택을 했는지 이해할 수 있다. 이것은 하나님에 대해서도 마찬가지다. 하나님이 창조하신 세상을 이해하려면 우리는 하나님에게 어떤 선택의 가능성이 있었는지를 알아보아야만 한다.[5] 하나님은 그분에게 절대로 불순종하지 않는 로봇으로 가득한 세상을 창조하려고 하셨을까? 아니면 그분께 불순종할 수도 있는 인간을 창조하려고 하셨을까? 기독교 철학자인 노먼 가이슬러는, "자유롭기 위해서 우리는 선을 택할 수 있는 기회뿐만 아니라 악을 택할 수 있는 능력도 가져야만 했습니다. 하나님은 그 위험을 아시고도 감수하기로 하셨습

니다"라고 말했다. [6)]

아래의 예화를 통해서 우리는 왜 하나님이 로봇 대신 인간을 선택하셨는지 이해할 수 있다.

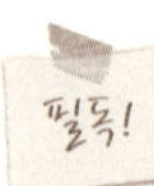

멋쟁이 꼭두각시와 자유 선택

요즘 여성 고객에게 가장 인기 있는 선물 중의 하나는 멋쟁이 꼭두각시이다. 그는 30센티미터 정도의 키에 잘 생겼고 매너도 좋다. 여성들은 이 점을 가장 중요시한다. 이 완벽한 남자는 언제나 좋은 말만 하도록 설계되었다. 버튼을 누르면 그는 아래 여섯 가지 말 중 하나를 말한다.

"리모컨은 당신에게 있어요. 당신과 함께 있을 수만 있다면 나는 무엇을 보든 상관없지요."

"야구는 별로 재미없네요. 차라리 당신과 함께 시간을 보내고 싶어요."

"쇼핑하러 가는 게 어때요? 신발 사고 싶지 않아요?"

"있잖아요, 우리의 관계에 대해서 이야기하는 것은 정말로 중요하다고 생각해요."

"하루 종일 당신 생각만 했어요. 그래서 당신 주려고 이 꽃을 사 왔어요."

멋쟁이 꼭두각시의 가장 좋은 점은, 절대로 실망시키지 않는다는 것이다! 결코 화를 내거나 빈정대거나 이기적인 법이 없다. 당신이 AA 배터리 세 개만 넣어 주면 기꺼이 버튼을 누른 사람의 편이 되어 주고 그 사람을 칭찬한다. 결혼한 사람이라면 왜 그런 인형을 갖고 싶어 하는지 분명히 이해할 것이다.

　이렇게 답하라 예화로 풀어보는 기독교 변증

하나님도 그렇게 하실 수 있었다. 다시 말해서 하나님은 놀라운 인간 인형의 세상을 만드실 수도 있었다. 만약에 그러셨다면 하나님이 우리의 버튼을 누르실 때마다 우리는 이렇게 말하도록 설계되었을 것이다.

"하루 종일 하나님 생각만 했어요."

"하나님과 함께 있을 수만 있다면 무엇을 하든 상관없어요."

"하나님은 거룩하시고 완전하시고 우리의 사랑을 받으실 만한 분이에요."

"저는 절대 하나님에게 불순종하지 않을 거예요."

인간 인형의 세상에는 악이 존재하지 않을 것이다. 거짓말, 속임수, 강간, 살인, 학대, 인종주의, 성차별 등은 우리 프로그램의 일부가 아니기 때문이다. 멋쟁이 꼭두각시처럼 우리는 계속해서 하나님에게 아양을 떨 뿐이다. 그러면 악이 없는 완벽한 세상이 되지 않았을까.

하지만 인형과의 관계가 정말로 만족스러운 관계일까?

여기까지 대화를 이끈 이 시점에서 상대에게 멋쟁이 꼭두각시와의 관계가 갖고 있는 결점에 대해서 생각해 보라고 말하라. 시간을 갖고 그러한 관계가 지닌 부정적인 요소의 목록을 작성해 보라. 예를 들어서, 멋쟁이 꼭두각시가 "당신을 사랑해요"라고 말할 때 과연 그 말이 진심일까? 공허한 찬사로 충분하단 말인가?

무신론 사상가인 장 폴 사르트르는 그런 프로그램 된 반응은 의미가 없다고 생각했다. "사랑 받기를 원하는 사람은 사랑하는 이를 노예처럼 만들려고 하지 않습니다. 그 사람은 기계적으로 흘러나오는 열정의 대상이 되기를 원치 않습니다. 로봇을 소유하고 싶어 하지 않는다는 말입니다."[7] 사르트르는 당신의 연인이 당신을 사랑하도록 프로

그램 되었다면 그 사랑은 값싼 것이 되고 만다고 생각했다.

하나님도 그렇게 생각하셨다.

하나님은 인류를 향해 최고의 칭찬을 해주셨다. 바로 기계적으로 하나님을 사랑하도록 우리를 설계하지 않으신 것이다. 우리가 하나님을 사랑하도록 만들지 않으신 하나님의 결정은, 예수님이 유대인들의 교만의 상징인 예루살렘 근방에 서서 하신 말씀 속에서 생생하게 확인할 수 있다. "예루살렘아, 예루살렘아, …… 암탉이 그 새끼를 날개 아래에 모음 같이 내가 네 자녀를 모으려 한 일이 몇 번이더냐?" 예수님은 이 비극적인 네 마디로 자신에 대한 사람들의 반응을 요약하신다. "그러나 너희가 원하지 아니하였도다."(마 23:37) 예루살렘 백성들처럼 우리는 하나님과의 관계를 일구어갈 수도 있고 하나님의 초대에 저항할 수도 있다. 불행히도 우리는 하나님의 제안을 거절하는 쪽을 택했다. 그 결과 우리는 고통과 악으로 가득한 세상을 만들고 말았다.

물음 2: 오늘날 세상에 이렇게 악이 넘치는데 왜 하나님은 이것을 그냥 멈추어 버리지 않으시는 걸까?

사람들이 이런 물음을 던질 때 대개 특별한 악을 염두에 둔다. 이런 물음은 테러 공격에 대한 소식을 듣거나 사랑하는 이가 병에 걸렸다는 이야기를 들은 다음에 사람들이 품게 되는 의문이다.

이 물음에 답하기 전에 그 이면에 있는 개인적인 역사를 살펴보는 것이 현명할 것이다. 잠언 기자는 사람의 생각은 깊은 물과 같다(잠 20:5)고 말했다. 좋은 대화를 이끄는 사람은 (잠언의 구절을 그대로 사용하자면) "그것을 길어" 낼 수 있어야 한다. 먼저 그 사람의 마음을 길어 내

   이렇게 답하라 예화로 풀어보는 기독교 변증

서 그가 왜 이런 의문을 갖게 되었는지 알아보라.

이 물음에 대답할 때, 그가 바라는 그대로 하나님이 하신다면, 즉 **모든** 악을 멈추신다면 어떻게 되겠는지를 생생하게 묘사해 주라.

하나님이 정하신 마감 시한

만약 하나님이 세상의 악을 제거하기 위한 마감 시한을 정하셨다면 어떻게 될까?[8] 하나님이 다음 월요일 자정에 세상에 개입하셔서 악한 사람들이 만들어낸 모든 고통을 멈추어 버리겠다고 선포하신다고 가정해 보라. 하나님이 어떻게 하실까? 하나님이 많은 경찰관들이 가지고 다니는 고전압 전기충격 총인 테이저건을 사용하시기로 작정하셨다고 생각해 보자.

테이저건은 사람에게 일시적인 고전압 전류를 쏘는 총이다. 테이저건 제작자들에 의하면 0.5초간 지속되는 전기 충격이 극도의 고통과 근육 수축을 유발한다고 한다. 2~3초간의 충격을 받으면 정신이 혼미해지고 바닥에 쓰러진다. 3초 이상의 충격이 가해지면 15분 이상 쓰러져 있게 된다. 테이저건의 제작자들은 이 총에 맞은 사람들 중 95퍼센트 이상은 말을 잘 듣게 된다고 자랑한다. 다시 말해서, 적절한 전기 충격을 가하면 상대로 하여금 무엇이든지 하게 만들 수 있다는 것이다.

악을 멈추기로 한 마감 시한이 다가오면 하나님이 우리에게 충격을 가해서 우리로 하나님이 원하는 대로 그대로 따르도록 만드신다. 거짓말을 하기 시작하면 0.5초간 전기충격을 받는다. 강도짓을 하려고 하면 2초간의 충격을 받는다. 살인을 하려고 하는 사람은 아무것도 하지 못할 정도의 전기충격을 받게 된다. 그러나 하나님은 악한 생각이 악한 행동으로 이어지는 경우가 많다는 것을 아시고 우리가 나쁜 생각을 하기만 해도 충격을 가하신다. 하지만 그것으로 끝이 아니다. 기회가 왔는데도 선을 행하지 않는 것도 악이기 때문에, 하나님은 우리가 자비와 친절과 정의를 행하지 않을 때에도 우리에게 전기충격을 가하신다. 따라서 사람들은 악한 행동을 하거나 악한 생각을 하거나 옳은 일을 행하지 않을 때마다 전기충격을 받게 된다.

그 결과는 무엇일까? 너무 자주 맞아서 겁이 많아진 강아지처럼 하나님에게 복종하는, 잔뜩 얼어붙은 사람들로 가득한 세상이 될 것이다.

이 예화를 들려준 다음 이런 식으로 악을 제거할 때의 문제점에는 어떤 것이 있을지 물어보라.

한 가지 문제점은, 전기충격을 당하는 것이 두려워 도덕적으로 선해진다는 것이다. 하나님이 행동을 멈추게 하셨으나 사람의 마음은 변화시키지 못한 것이다. 자녀 교육 전문가들은 심층적 행위와 표면적 행위를 구별한다. 표면적인 행위로는 겉으로 드러나는 자녀의 감정 표현을 통제할 수 있지만 그 자녀가 실제로 느끼는 감정에는 영향을 미칠 수 없다. 부모를 존경하는 마음을 갖는 것보다 존경하는 표시를 내는 것이 더 강조되는 셈이다. 그와 반대로 심층적인 행위는 자녀의 마음과 태도를 변화시키고자 한다. 자녀는 그렇게 하는 것이 옳은 일이기 때문에 어른을 존경하게 된다. 사람들이 악을 행할 때마다 하나님이 사람들에게 전기충격을 가하신다면, 이 세상은 표면적 행위를 하는 사람들만 남게 될 것이다. 다른 이들과 하나님에 대해 나쁜 감정을 그대로 품은 채로 겉으로만 도덕적으로 행동할 것이다. J. B. 필립

 이렇게 답하라 예화로 풀어보는 기독교 변증

스는 "기독교의 핵심은 인간의 선택 능력을 간섭하는 데에 있는 것이 아니라, 기꺼이 악이 아닌 선을 선택할 수 있는 마음을 이끌어 내는 데에 있다"라고 말했다.[9]

하나님이 악을 종식할 마감 시한을 정하지 않으시는 또 다른 이유는, 악이 우리로 하여금 우리 자신이 만들어 낸 세상을 정면으로 마주하도록 만든다는 것이다. 악과 고통은 우리로 하여금 하나님이 우리를 위해 원하시는 세상, 즉 폭력, 파괴, 고통이 없는 세상에 대해 생각해 보게 한다. C. S. 루이스는 이 점을 탁월하게 설명한다. "하나님은 우리의 기쁨을 통해서 속삭이시고, 우리의 양심을 통해서 말씀하신다. 그러나 우리의 고통을 통해서 소리치신다. 고통은 귀먹은 세상을 깨우는 하나님의 확성기이다."[10] 악은 우리로 하여금 왜라는 질문을 하도록 만들기 때문에 하나님은 악이 지속되도록 내버려 두신다.

하나님의 확성기-이건 옳지 않아!

「아메리칸 아이돌」의 여섯 번째 시즌에서 제작자들은 "아이돌 자선기금 모금"이라는 캠페인을 펼쳤다. 이 캠페인은 시청자들의 모금을 통해서 미국과 아프리카의 가난한 사람들을 도우려고 기획된 것이었다. 미국인들이 가장 사랑하는 독설가인 사이먼 카우얼은 시청자들의 참여를 이끌어 내기 위해서 가난과 질병으로 황폐해진 아프리카의 한 마을을 방문한다. 그 마을에 한 어머니와 열네 명의 자녀들이 있었는데, 그들 중 여덟은 부모가 에이즈로 죽고 고아가 된 후 그녀가 거둔 아이들이었다. 카우얼은 그 아이들이 살고 있는 작은 오두막으로 들어갔다. 충격을 감추지 못한 카우얼은 카메라를 보며 이렇게 고백했다. "이런 일이 벌어지는지 나는 몰랐습니다." 카우얼이 영양실조에 병까지 들어버린 마을 사람들 사이를 지나며 "이건 옳지 않아, 옳지 않아!"라고 되뇌던 모습을 카메라 기사가 담아 왔다.

하나님의 확성기- 악은 어디에서 온 것일까?

제2차 세계대전 당시 일본군은 미국 전함을 공격하기 위한 공군기지를 과달카날 섬에 세우고 있었다. 1942년 8월 7일, 약 1만 명의 해병들이 비행장을 점령하기 위해서 해안에 상륙했다. 일본군은 맹렬하게 저항했다. 일본군은 야간에 자살 공격을 감행하기도 했다. 6개월이 지나자 1천752명의 미군이 죽었다. 무려 2만4천 명의 일본군이 목숨을 잃었지만 일본군은 이 섬을 되찾지 못했다. 영화「씬 레드 라인」에서 한 미국인 병사는 야간 공격 직후 대학살을 목도하면서 이런 말을 남긴다. "악은 어디에서 왔는가? 악이 어떻게 이 세상에 숨어 들어와서 우리를 이렇게 조롱하는가?"

하나님은 우리를 깨우기 위한 확성기로 악을 사용하셔서서 두 가지를 성취하신다.

첫째로, 사이먼 카우얼이 반응한 것처럼 고통은 우리로 하여금 이 고통스러운 세상에서 뭔가가 옳지 않다는 것을 인정하도록 만든다. 미국의 다음 세대 팝 스타를 찾는 데 몰두하는 백만장자 카우얼조차도 악의 실체와 그 영향을 외면하지 못하는데 어떻게 우리가 외면할 수 있겠는가? 가장 중요한 점은, 악이 우리로 하여금 그 미국인 병사를 사로잡았던 그 물음과 씨름하도록 만든다는 사실이다. "악은 어디에서 왔는가?"

둘째로, 하나님이 고통과 괴로움을 통해서 우리에게 외치시면 우리는 그 소리를 좀처럼 잊을 수 없게 된다. 필립 얀시는 "세상 사람들 중 3분의 1이 매일 밤 굶주린 채 잠자리에 든다는데, 세상이 존재하는 이유가 파티를 즐기기 위해서라고 생각한다면 곤란하다. 십대 청소년들이 고속도로에서 교통사고로 끔찍하게 죽는 것을 보면서, 삶의 목적이 그저 즐기며 사는 것이라고 생각하기는 힘들다. 그런 생각에서 벗어나서 그저 삶을 즐기려 해도 고통은 거기에 있으며 내 머릿속을 떠나지 않는다"[11] 라고 말했다. 그리스도인인 우리들의 머릿속에서도 역시 고통 그리고 악과 관련된 심각한 물음은 좀처럼 사라지지 않는다. 이러한 예화들을 통해서 우리는 기독교 세계관의 핵심 주제인 '어떻게 이 세상을 고칠 것인가' 에 관한 대화를 풀어나갈 수 있다.

물음 3: 하나님은 우리의 고통을 외면하시는가?

납치된 비행기가 두려움에 떠는 승객들을 실은 채로 건물을 들이받을 때 하나님의 마음은 어땠을까? 하나님은 우리가 사는 이 세상의 고통에 신경을 쓰시기나 할까? 가장 중요한 물음은 이것이다. 하나님은 우리의 슬픔에 공감하실까? 이런 물음에 답할 때는 먼저 공감이란 말을 정의한 다음, 하나님이 어떻게 공감의 차원을 넘어서시는지 설명해 주는 것이 좋을 것이다.

공감이란 스스로 다른 이의 입장에 서서 그 사람이 세상을 어떻게 바라보고 경험하는지를 상상하고 느끼고 이해할 수 있는 능력을 말한다. 다른 이의 어려움, 고통, 관점을 상상할 수 있는 능력은 인간관계에서 핵심적인 기술이다.

다미안 신부는 1873년, 하와이의 몰로카이 섬 나환자 수용소에 자원해서 갔다. 이 수용소에는 환자들을 돌볼 의사나 사제가 없었다. 다미안 신부가 이곳으로 가겠다고 자원한 동기는 간단했다. 돌봐 줄 사람 하나 없이 홀로 생의 마지막을 보낸다는 것이 어떤 것인지 상상할 수 없었기 때문이었다. 다미안 신부는 나환자들과 깊이 공감하면서 수용소에 있던 환자들을 위해서 할 수 있는 모든 일을 다 했다. 목욕시키고 곪아 들어간 상처를 소독하고, 관을 만들고 무덤을 파고 예배를 집전했다. 다미안 신부는 12년 동안 그 수용소의 환자들을 섬겼다.

어느 주일 모든 것이 바뀌고 말았다. 다미안 신부가 나환자인 교인들 앞에 서서 자신의 신부복을 펼쳐 나병의 초기 징후를 보여 주었다. 그날 신부는 "우리 나환자들은"이라는 말로 설교를 시작했다.[12]

이 예화를 들려준 다음 두 가지 질문을 던져 보라.

첫째로, 그날의 발표 이후 다미안 신부에 대한 나환자들의 생각은 어떻게 바뀌었을까? 신부가 나병에 걸리기 전에 수용소 주민들은 신부를 나환자들의 고통을 이해하고 알아보려고 노력하는 공감적인 외부자로 보았을 것이 분명하다. 신부는 나병의 공포를 상상해 보려고 애쓰는 건강한 사람일 뿐이었다. 그날 발표 이후 다미안 신부에 대한 주민들의 견해는 철저하게 뒤바뀌었다. 다미안 신부는 이제 주민의 한 사람, 즉 나병환자인 것이다.

둘째로, 하나님이 우리의 고통을 이해하시는 관점은 나병 걸리기 전의 다미안 신부의 그것과 비슷할까, 아니면 그 후의 관점과 비슷할까? 다시 말해서, 하나님은 우리의 고통에 공감하려고 노력하는 외부자일까, 우리의 고통을 직접 경험하는 내부자일까? 이 질문은 하나님이 우리와 관계를 맺으시는 방식에 초점을 맞춘다. 이에 대한 기독교의 급진적인 대답은, 하나님은 단지 우리의 고통에 공감하시는 것이 아니라 그 고통을 직접 경험하신다는 것이다.

그리스도인들은 하나님이 인간의 몸을 입으시고 우리가 겪고 있는 많은 악을 몸소 겪으셨다고 믿는다. 예언자 이사야는 오실 메시아는 "간고를 많이 겪었으며 질고를 아는 자"일 것이라고 말했다(사 53:3). 복음서를 읽어 보기만 해도 이사야의 예언이 실현되었다는 것을 알 수 있다. 그리스도는 짧은 생애 동안 배고픔과 고통, 버려짐, 불의, 매 맞음, 낙담과 같은 인간의 고통을 다 겪으셨다. 이러한 믿음, 즉 하나님이 고통당하셨다는 믿음이 기독교를 다른 종교와 구별시켜 준다. 기독교 철학자인 앨빈 플랜팅가는 "기독교와 다른 유신론적 종교의 가장 중요한 차이점이 바로 여기에 있다. 기독교의 복음에 따르면, 하나님은 자신의 피조물과 자신이 만드신 세상을 구속하기 위해서 피조물의 고통 속으로 들어와 그 고통을 함께 나누셨다"[13]고 주장한다. 예수님이 우리의 고통을 함께 나누셨기 때문에, 우리는 고통으로 가득한 세상을 헤쳐 나가는 동안 예수님이 우리를 긍휼히 여기신다는 것을 확신할 수 있다(히 4:14-16).

하나님이 고통당하셨다는 사실은, 하나님이 우리의 고통에 무관심하시고 영향을 받지 않는다고 주장하는 이들의 입을 다물게 하는 강력한 효과가 있다.

윌리엄 레인 크레이그의 심판 날에 하나님 보좌 앞에 선 세 사람의 이야기를 소개하겠다.

고통당하는 심판자

세 사람 모두 하나님과 풀어야 할 한이 있었다. "저는 저지르지도 않은 죄 때문에 교수형을 당했습니다." 한 남자가 비통한 목소리로 말했다. "몇 달 동안 병을 앓다 죽어서 몸과 영혼이 모두 망가지고 말았어요." 또 다른 남자가 말했다. "굽은 길에서 술 취한 운전자가 제 아들을 덮쳐서 한창 나이에 죽고 말았습니다." 세 번째 사람이 중얼거렸다. 모두들 화가 나 있었고 어떻게든 하나님에게 자신의 심정을 토로하고 싶었다. 하지만 세 남자가 보좌로 다가가 심판자, "간고를 많이 겪었으며 질고를 아는 자"의 손과 발에 난 못자국과 창에 찔린 옆구리를 보았을 때, 모두 입을 다물 수밖에 없었다. **14)**

어째서 이 세 사람은 입을 다물 수밖에 없었을까? 이들 모두는 자신들이 경험했던 불의와 육체적 고통, 비극을 몸소 겪으신 하나님과 얼굴을 마주했기 때문이다. 그리스도는 불의한 재판을 받고 잔인하게 죽임을 당하신 죄 없는 인간이셨다. 그리스도의 몸은 채찍질과 매질로 부서졌고, 십자가에 달리신 동안 하나님에게 외면당하면서 예수님의 영혼은 말할 수 없는 고통을 당하셨다. 공생애를 시작한 지 3년 만에, 인생 최고의 전성기에 예수님의 삶은 폭력적인 종말에 이르고 말았다.

고통의 문제에 관하여 어떤 결론에 이르든지, 한 가지 사실은 분명하다. 하나님은 우리의 고통이 어떤 것인지 상상해 볼 필요가 없다는 것이다. 하나님이 고통을 몸소 경험하셨기에.

  이렇게 답하라 예화로 풀어보는 기독교 변증

3장

대재앙을 일으킨 하나님이 선하다고? (2)

연방재난관리청의 마티 바허만데는 허리케인 카트리나로 인한 재앙을 지켜보면서, 고통하는 인간의 모습을 보며 어찌할 줄을 몰랐다고 한다. 이 사람에게 가장 잊히지 않는 인상은 아이들의 얼굴이었다. 이 공무원은 이메일을 통해, "절망스런 모습으로 나를 바라보며 앉아 있던 어린이들과 아기들의 모습을 머릿속에서 지울 수가 없어요. 뭔가 도움을 주고 싶었을 뿐이었어요"라며 그때의 심정을 털어 놓았다.[1]

이 공무원처럼 우리도 허리케인 카트리나로 인해 생겨난 고통의 이야기들을 쉽게 잊지 못한다. 이런 비극적인 일은 이런 물음을 불러일으킨다.

'허리케인과 쓰나미는 하나님의 책임일까? 하나님은 어린이들의 죽음에 대해 어떻게 반응하실까? 왜 하나님은 더 많은 일을 행하지 않으실까?

가장 중요한 질문은 이것이다. "악에 직면해도 나는 여전히 하나님을 신뢰할 수 있을까?"

물음 4: 허리케인과 쓰나미, 암은 누구의 책임인가?

무언가 잘못되어 갈 때 우리는 책임질 사람을 찾기에 급급하다. 살인이나 강간, 강도 같은 악은 인간의 악이며 우리가 책임져야 한다는 것은 누구나 순순히 받아들인다. 하지만 홍수나 허리케인, 암에 대해서는 누가 책임을 져야 하는가? 보험회사의 손해 사정인들은 홍수로 인한 피해 규모를 조사할 때 그것을 가리켜 "하나님이 한 짓"이라고 말한다. 자연 재해에 대해서 하나님이 책임져야 하는 것일까?

자연 재해의 책임이 하나님에게 있는가 하는 물음에 우리는 아니라고 대답한다. 그리스도인들은 하나님이 인간에게 지구를 돌볼 책임을 맡겨 주셨다고 믿는다. 첫 번째 인간인 아담과 하와가 하나님에게 반역했을 때 두 가지 결과가 뒤따랐다. 첫째로, 우리가 하나님을 떠났을 때 하나님은 우리를 비롯한 모든 피조물도 심판하셨다. 성경에서는, 우리가 살고 있는 이 세상이 허무에 굴복했고 해방되기를 기다린다고 말한다(롬 8:20-22). 오늘날 우리가 목도하는 질병과 자연 재해는 이러한 무익함의 증거라고 말할 수 있다. 둘째로, 우리가 지구를 돌보는 책임을 경시할수록 지구의 상태는 더욱 악화된다. 우리의 행위가 우리가 살고 있는 이 지구에 직접적인 영향을 미치고 있다는 말이다.

이렇게 대답할 때, 상대방이 이런 관점을 처음 들어 보는 것일 수도 있다는 점을 기억하라. 「에린 브로코비치」는 우리의 행동이 환경에

 이렇게 답하라 예화로 풀어보는 기독교 변증

미치는 영향을 여실히 보여주는 영화다.

오염된 물-누구의 책임인가?

캘리포니아 주 힝클리의 주민들은 자녀들과 배우자들, 애완동물들이 병에 걸리고 심지어 죽어가는 것을 무력하게 지켜볼 수밖에 없었다. 그들은 미친 듯이 원인을 찾아 헤맸다. 얄궂게도, 범인은 아무도 의심하지 않았던 바로 물이었다. 그 마을 사람들은 물 한 잔을 마실 때마다 독약을 마신 셈이다. 수년 동안 한 대기업에서 사용하지 않는 우물에 독극물을 버려 그 마을의 식수원을 서서히 오염시킨 것이다. 에린 브로코비치(줄리아 로버츠 분)가 주도한 치열한 법정 소송을 통해서, 독극물을 안전하게 처리할 책임을 다하지 못한 기업의 악행이 밝혀졌다. 이 기업은 탐욕에 사로잡혀 환경을 돌보아야 할 시민적, 법적 책임을 무시했던 것이다. 이 마을 사람들은 대기업의 탐욕과 이기주의, 속임수가 빚어 낸 유해한 환경 속에 살고 있었던 것이다.

이것은 우리가 망쳐 놓은 세상에도 그대로 적용된다. 하나님을 따르고 세상을 돌보아야 할 책임보다 우리 자신의 이익을 우선시함으로써, 우리는 이 세상을 위험한 곳으로 만들어 버렸다. 지구는 우리의 반역에 의해 오염되었다. 토네이도와 허리케인, 암과 그 밖의 여러 비극적인 일들은 하나님을 떠난 우리의 현실을 계속해서 상기시켜 준다. 또한 이러한 자연 재해는 하나님이 주신 지구를 돌보아야 할 책임이 실재하며 이 책임을 포기할 때 심각한 결과를 초래한다는 것을 보여 준다.

　자연적인 악을 이야기할 때는, 우리가 행동하거나 혹은 행동하지 않음으로 인해서 악이 더 심해지는 경우가 많다는 점을 지적하는 것도 중요하다.

인종주의와 아프리카 원조

미국의 대표적인 대중음악 잡지인 「롤링스톤」과의 인터뷰에서 에이즈 활동가이자 록 그룹 유투(U2)의 리드 싱어인 보노는, 어떻게 인종적인 우월감이 아프리카 어린이들의 고통을 해결하는 일에 걸림돌이 되고 있는지를 신랄하게 고발했다.

"한 저명한 국가 원수가 내게 말했습니다. '우리가 정말로, 개발도상국에 살고 있는 사람들이 우리와 똑같은 인간이라고 믿는다면 그들의 목숨을 구할 수 있는 약과 기술을 가지고 있으면서도 매일 3천 명의 아프리카인들이 모기에 물려 죽도록 내버려 둘 수는 없을 것입니다. 게다가 모기에 물려 죽는 아프리카인들의 상당수가 어린 아이입니다. 이것은 1950년대에 흑인을 위한 음료수대를 따로 마련했던 것만큼이나 어처구니없는 일입니다. 거리가 멀다는 핑계로 위장한 인종주의일 뿐입니다.'" [2]

　이 시점에서, 우리가 정치적인 차이나 인종주의를 넘어 이 세상의 자원을 활용하여 아프리카의 고통을 해결하기 위해 노력한다면 이 세상은 과연 어떻게 변할지 상대에게 물어보라. 예를 들어 보자. 영화배우 샤론 스톤은 15달러밖에 하지 않는 모기장이 5년 동안 한 가족을 보호할 수 있다는 말을 듣고 나서 모기장 구입비로 1만 달러 기부를 약정했다. 샤론 스톤은 그 모임에서 청중들에게도 기부해 달라고 호

　　이렇게 답하라 예화로 풀어보는 기독교 변증

소했다. 5분이 지나자 1백만 달러를 모금할 수 있었다. 우리가 죄로 물든 태도를 내려놓고 하나님이 명령하신 대로 다른 이들과 지구를 돌본다면 이 세상의 고통은 크게 줄어들지 않을까.

물음 5: 아이들의 고통은 어떠한가?

무신론 사상가 버트런드 러셀은 죽어가는 아이의 머리맡에 앉아 있는 사람은 그 누구도 하나님에 대한 믿음을 지킬 수 없을 것이라고 주장했다. 어떤 아이든 아이의 죽음은 정말 가슴 아픈 일임이 분명하다. 하지만 하나님이 그런 비극에 대해 어떻게 반응하시는지 이해하는 것이 중요하다.

어떤 신학자들은 아이가 죽으면 곧장 하나님에게 가서 그분의 사랑과 돌봄을 누리게 된다고 믿는다. 하나님이 보시기에 "책임질 만한 나이"가 되기 전에 죽은 어린이들은 아직 나쁜 행동 때문에 죄를 지었다고 보기 어려우므로 도덕적으로 죄가 없다고 인정된다는 것이다. 밀러드 에릭슨은 "어떤 아이가 진정한 도덕적 결정을 내릴 수 있기 전에 죽는다면, 그 아이는 죄가 없는 것입니다"[3]라고 말했다. 에릭슨의 결론을 지지하며 로버트 라이트너는 이렇게 말한다. 예수님이, 아이들은 근본적으로 죄인이 아니라고, 적어도 의도적으로 하나님을 거부하는 죄인은 아니라고 생각하셨다고 말이다. 그래서 예수님은 아이들을 천국에 들어가기 위해서 반드시 필요한 순진한 신뢰와 전적인 의존의 모범으로 제시하셨다는 것이다(마 18:3, 19:14).[4]

존 맥아더는 벤자민 워필드와 찰스 스펄전 같은 저명한 신학자들의 말을 인용한 후에 이렇게 말한다. "성경에서는 바로 이러한 이유 때문에 어린 아이들이 죄가 없다고 말하는 것입니다. 아이들은 하나님을 의도적으로 거역하지 않습니다. 불신앙의 행위를 하지 않는다는 말입니다." 존 맥아더는 모든 아이들이 죄인의 본성을 가지고 태어나기는 하지만 "온전한 이해력이나 고의적인 반역으로, 죄의 본성을 자신의 의지대로 실행할 기회가 없었다"라고 말한다.[5]

로마서 5장을 논거로 펼친 밀러드 에릭슨의 주장이 특별히 주목할 만하다고 생각한다. 에릭슨은 아담의 죄와 그리스도의 의로우심을 우리에게 적용하는 로마서 5장의 병행구조를 지적한다. 아담의 죄는 죽음으로 이끄는 반면, 그리스도의 의로우심은 영원한 생명으로 이끈다(롬 5:18). 이러한 병행구조가 우리에게 무엇을 보여 주는가? "우리가 아담의 행위를 결코 의식적으로 선택하지 않았다 하더라도 아담이 지게 된 저주와 죄책이 우리에게 전가되었다면, 똑같은 원리가 그리스도의 구속 사역의 전가에도 반드시 적용되어야 할 것이다."[6] 다시 말해서, 아담의 죄가 태어나는 즉시 우리에게 적용된다면, 그리스도의 의로우심도 그와 마찬가지라고 말해야만 할 것이다. 하지만 그것이 사실이 아니라는 것을 우리는 알고 있다. 하나님이 그리스도를 통해서 주시는 "은혜와 의의 선물"을 받겠다고 의식적으로 결단한 후에야 그리스도의 의로우심이 개개인에게 적용된다고 바울은 주장했다(롬 5:17). 밀러드 에릭슨은 그리스도의 의로우심과 마찬가지로 아담의 죄 역시 "우리의 의식적이며 자발적인 결정" 후에야 적용되는 것이라고 말했다.

아이의 삶에서 이런 결정이란 어떤 것일까? 아담의 죄는 아이가 처음 죄를 범한 순간에는 적용되지 **않는다**. 오히려 그것은 아이가 죄를 범하려는 성향을 가지고 있음을 깨달을 때에 비로소 적용된다. "우리

는, 우리의 타락한 본성을 받아들이거나 승인할 때에 그에 대해 책임
을 져야 하는 죄인이 되는 것이다. 죄를 지으려 하는 우리 자신의 경
향에 대해서 지각하게 되는 때가 우리 모두에게 찾아온다."[7]

책임질 나이와 식탁 예절

당신은 하루 종일 음식을 준비했다. 부엌에서 나는 음식 냄새는 황
홀할 지경이다. 아이들이 식탁을 차리도록 도와준다. 접시마다 한
가득 음식을 올려둔 다음에 모두 먹기 시작한다. 한입 가득 음식을
먹고 났는데 다섯 살짜리 아들이 당신을 보며 말한다. "음식 맛이
똥 같아요!" 갑자기 식탁은 적막에 휩싸이고 만다. 그 아이는 학교
에서 "똥"이라는 말을 듣고는 저녁 식사 시간에 써먹어야겠다고 생
각했던 것이다.

간신히 충격에서 벗어난 당신은 결정을 내려야만 한다. 아이는 그
말이 나쁜 말이라는 것을 이해하고 있을까? 아이는 저녁 식사 시간
의 규칙을 고의적으로 어기고, 음식을 만든 어른을 일부러 모욕하려
고 했던 것일까? 아니면 아이라서 유치하게 행동하는 것일까? 만약
그 아이가 열두 살이고 그 말이 나쁜 말인 것을 알면서도 당신이 만
든 음식 맛에 대해 자주 이런 말을 사용했다면, 그 아이는 책임이 있
고 응당한 제재를 받아야 할 것이다. 그렇다고 다섯 살 먹은 아이가
이에 대해 책임을 져야 하는 것일까?

당신이 아들에 관해서 도덕적인 구별을 하는 것과 같이 하나님도
비극적인 죽음을 당하고 그분 앞에 나아오게 되는 아이들 한 사람 한
사람에 대해서 그런 구별을 적용하신다. 따라서 홍수나 허리케인, 범

죄로 인해 하나님 앞에 나아오게 되는 많은 어린이들은 죄가 없다는 판결을 받게 되고 영원히 그분의 사랑을 누리게 된다.

이 예화의 의도는 한 아이가 죽었을 때 하나님이 느끼시는 슬픔을 최소화하자는 것이 아니다. 예수님은 이제 곧 자신의 친구였던 나사로를 죽은 자 가운데서 다시 일으키실 것을 알고 계셨지만, 그래도 죽음의 현실 앞에서 슬피 우셨다(요 11:14-46). 아이가 죽었을 때 하나님은 그리스도가 나사로의 죽음 앞에서 보여주신 것과 똑같은 감정을 느끼신다. 하나님은 그 아이가 이제 곧 그분과 함께 있을 것을 아시지만, 그래도 그 아이의 비극적인 죽음을 슬퍼하신다.

물음 6: 왜 하나님은 더 많은 일을 행하지 않으실까?

십대 청소년 세 명이 야구 방망이를 들고 차에 타 뭔가 재미있는 일을 찾아 나선다. 벤치에서 자고 있던 한 노숙자를 발견하고는 그를 마구 때린다. 그만하라는 노숙자의 외침도 무시하고 그들은 멈추지 않는다. 이 노숙자를 때리는 장면이 감시 카메라에 포착되었다. 차마 눈 뜨고 볼 수 없는 끔찍한 광경이었다. 하지만 왜 하나님은 아무것도 하지 않으셨을까? 어째서 내버려 두셨을까?

이런 잔인한 폭력 영상을 보는 것만으로도 감정은 격해진다. 여기서 우리가 염두에 두어야만 하는 생각들이 몇 가지 있다. 첫째로, 그리스도는 악한 사람들에게 두들겨 맞는 죄 없는 사람이 된다는 것이 어떤 것인지를 잘 알고 계신다. 그리스도는 이 노숙자의 고통에 무관심하지 않으시다. 둘째로, 하나님은 우리로 도덕적인 사람이 되라고 강요하지 않으신다. 이 사람은 악을 행하기로 결정한 십대들에게 얻어맞았다. 마지막으로, 하나님은 이 폭력을 멈추지는 않으셨지만, 우리는 하나님이 이 사람을 고통에서 구하실 것이라고 확신할 수 있다.

이 사람을 고통에서 구한다는 것은 어떤 의미일까?

하나님이 어떻게 고통에서 구해 내시는지 모든 세부 사항을 다 아는 것은 불가능하지만 이 실화를 바탕으로 몇 가지 실마리를 발견해 보자. 전략적으로 배치된 감시 카메라 때문에 이 세 명의 청소년들은 붙잡혀서 지금 재판을 받고 있다. 이 구타 사건은 비록 비극적인 일이었지만 고통 받고 있는 노숙자들에 대한 전국적인 관심을 불러일으키는 계기가 되었다. 노숙자들을 돕는 한 활동가는 "이 일은 오랫동안 위장되고 묻혀있던 이슈를 아주 환하게 비출 것입니다. 사람들은 이 문제가 자기 코앞에 다가올 때까지 눈가리개를 쓰고 있었던 것입니다"라고 주장했다.[8] 정말로 이 사건은, 우리가 노숙자들을 어떻게 바라보는지, 그리고 그들을 돕기 위해 무슨 일을 해야 하는지에 관한 전국적인 차원의 논의를 촉발시켰다.

악을 구속하시는 하나님의 사역은 이 한 경우에만 제한되지 않는다. 다음의 예화들도 생각해 보라.

악의 구속-매드

음주 운전 반대 어머니회 매드(MADD, Mothers Against Drunk Drivers)는 꽤나 존경받는 비영리단체이며, 효과적으로 활동하고 있다. 600여 개의 지부를 거느린 매드는 음주 운전자들을 제재하고 그 희생자들의 권익을 보장하는 법안을 제정하도록 로비를 벌이는 일을 성공적으로 해왔다. 이 단체의 활동을 통해 수천 건의 사망 사고를 예방할 수 있었다. 신디 라이트너는 열세 살 된 자신의 딸이 학교 축제에 가던 도중 만취한 운전자가 몰던 차에 치여 죽은 후 매드를 설립했다. 그 운전자는 음주 운전 전과가 세 차례나 있었다. 미 의회도 신디 라이트너의 활동을 통해 개정된 음주 운전 관련 법안으로 인해 교통안전이 더 나아졌다는 사실을 인정한다.

악의 구속—「지명수배」

존 왈시는 실종된 아이들을 위해 열심히 활동하는 사람이다. 그는 실종 아동의 부모들을 대신해 의회에서 증언했으며, 1982년에 실종 아동법(Missing Children Act)이 통과되는 데에 중요한 역할을 했다. 존 왈시가 진행하는 「지명수배」는 평범한 시민들을 범죄의 감시자로 바꾸어 놓았으며, 900명이 넘는 도주 범죄자들을 법정에 세웠다. 존 왈시는 1981년에 자신의 아들이 쇼핑몰에서 유괴되는 참사를 겪은 후에 이런 활동을 시작하게 되었다. 아들의 시체는 16일이 지나서 발견되었다. 존 왈시의 활동은 법 집행 기관들이 실종 아동을 추적하고 되찾는 방식 자체를 바꾸어 놓았다.

위의 예화들을 악의 문제와 씨름하고 있는 이들에게 들려주는 의도는 노숙자에 대한 폭력이나 십대 소녀의 죽음, 실종 아동의 비극을 최소화하고자 하는 것이 아니다. 하나님은 이 세상의 모든 악을 알고 계시며, 악의 결과를 돌이키기 위해 적극적으로 활동하신다는 것을 알려주려는 것이다. 하나님이 이 세상의 악을 구체적으로 어떻게 회복시키시는지 언제나 알 수 있는 것은 아니지만, 하나님은 그리스도의 십자가를 통하여 하나님을 따르는 모든 이들을 고통에서 구속하신다는 사실을 우리는 알고 있다.

 이렇게 답하라 예화로 풀어보는 기독교 변증

물음 7: 그런 엄청난 고통 가운데서도 여전히 하나님을 신뢰할 수 있을까?

빌리 그레이엄이 오클라호마시티 폭탄 테러 이후, 희생자 가족들을 대상으로 한 연설에서 비극적인 사건이 사람들에게 어떤 다른 영향을 미치는지에 관해 이야기했다. 어떤 이들에게 고통은 하나님에 대한 심한 분노를 불러일으킨다. "나는 당신을 믿었는데 어떻게 이런 일이 일어난단 말입니까!" 다른 이들은 슬픔 가운데서도 여전히 하나님에게 매달려서 어떻게든 하나님에 대한 신뢰를 지켜 나간다. 빌리 그레이엄은 두 부류의 사람들 모두를 위해서 기도했다. "비통함과 독한 감정이 여러분의 영혼까지 잠식하도록 내버려 두지 않기를, 그리고 우리가 이해할 수 없을지라도 하나님을 믿고 신뢰하게 되기를 기도합니다. 하나님 없이 이런 일을 당하는 것보다 하나님과 더불어 이겨나가는 것이 더 낫지 않습니까!"[9]

많은 사람들이 고통 가운데서도 하나님에 대한 믿음을 지켜내는 것은 그들에게 하나님과 함께 한 역사가 있기 때문이다. 여러 해 동안 하나님의 선하심을 경험했고 하나님을 신뢰하게 되었다. 악한 일을 당할 때 하나님에 대한 신자의 신뢰가 도전을 받기는 하지만, 신자는 믿음을 저버리지 않는다. 신자가 알고 있는 하나님에 대한 지식에 근거해서 어떻게든 가장 좋으신 하나님을 믿고 있는 것이다.

최선을 믿으라

철학자 스티븐 에번스의 아내는 남편을 혼자 남겨두고 잠깐 물건을 사러 나갔다. 에번스의 아내는 아직 젖먹이인 딸에게 젖을 주어야 하니까 몇 분 있다가 돌아오겠다고 약속하며 나갔다. 몇 분 걸린다던 것이 세 시간이 지났고 아기는 배가 고팠다. 에번스는 연신 시계를 쳐다보면서 우는 아기를 달래려 집안 여기저기를 걸어 다녔다. 아내는 어디에 있는 것일까? 에번스는 최악의 경우를 자꾸 떠올렸다. 어쩌면 아내는 우연히 오랜 친구를 만났거나 신나게 쇼핑을 즐기고 있을지도 모른다.

에번스는 짜증이 나고 걱정이 되었지만, 아내의 가장 좋은 모습을 떠올렸다. "나는 아내가 어떤 사람인지 알아. 아이들은 나한테 맡겨 놓고 바에 춤이나 추러 가는 사람이 아니란 걸 알지. 아내는 나를 사랑하고, 나를 소중히 여기고, 가정에 충실한 사람이야. 그러니 약속보다 늦어진다면 그럴 만한 이유가 있을 거야." **10)**

그리스도인들이 고통의 시간에도 하나님을 여전히 신뢰하는 이유는 에번스가 자신의 아내를 아는 것처럼, 우리가 하나님이 우리를 사랑하시며 우리를 돌보시는 분이라는 것을 확신하기 때문이다.

이제 상대방에게 이렇게 물어보라. "당신이 아는 하나님은 어떤 분이신가요?"

하나님의 선하심에 대한 개인적인 경험과 더불어 하나님이 악에 대해 어떻게 생각하시는지에 관한 성경의 증언을 말해 주라. 예를 들어서, 하나님은 죽음에 관해서 어떻게 느끼시는지 들려주라. 성경에서는 그분이 그 누구의 죽음에 대해서도, 심지어 악한 사람들이 죽는 것에 대해서도 기뻐하지 않으신다고 말한다(겔 33:11).

인류 전체가 하나님으로부터 등을 돌리고 이 세상을 견딜 수 없는 고통이 가득한 곳으로 만들었을 때 하나님도 마음 아파하셨다. 성경

 이렇게 답하라 예화로 풀어보는 기독교 변증

은 하나님의 마음이 고통으로 가득했다고 진술한다(창 6:6). 이 말 뒤에는 "어버이이신 하나님의 충격과 비탄이 담겨 있다"라고 필립 얀시는 말했다.[11] 그러나 하나님은 그저 한 자녀로부터 반역을 당하신 것이 아니라 그분의 모든 자녀, 인류로부터 반역을 당하셨다. 악으로 둘러싸인 세상에 스스로 영향을 받으시고 그 때문에 아파하시는 것이 바로 하나님의 마음이다.

하나님이 고통 받을 수 없다는 이들의 신념은 틀렸다고 기독교 철학자인 앨빈 플랜팅가는 말한다. "하나님의 고통은 하나님의 위대하심과 비례한다. 하나님의 지적인 능력이 우리의 지성을 능가하는 만큼 하나님이 겪으실 수 있는 고통의 용적은 우리의 그것을 능가한다."[12]

가장 중요한 사실은, 성경이 우리에게 행동하시는 하나님을 보여주고 있다는 점이다. 하나님은 우리가 살고 있는 세상에 그리스도를 통하여 몸소 찾아오셔서 악과 맞서 싸우셨다. 그리스도는 배고픈 이들을 만나면 그들을 먹이셨다(막 6:34-44, 8:1-8). 그분은 불의를 보시고 행동을 취하셨다(막 3:1-6, 11:15-19). 또한 가난한 이들과 눌린 자들을 외면하지 않으셨고, 오히려 그들을 찾아다니셨다(마 9:1-8, 막 5:1-16).

한번은 나병(오늘날의 에이즈처럼 일단 그 병에 걸리면 당시에 사회적으로 낙인찍혀 소외를 당할 수밖에 없는 그런 질병이었다)에 걸린 남자가 예수님에게 다가와 고쳐 달라고 말했다(마 8:1-4). 예수님은 그 남자를 고쳐주셨을 뿐만 아니라 그를 **어루만지셨다**. 이를 보고 있던 사람들은 모두 깜짝 놀랐다. 그 한 번의 행동을 통해서 이 사람은 육체적으로, 그리고 정서적으로 나음을 얻었다. 예수님이 언제나 육체적으로 우리를 고쳐 주시는 것은 아니지만, 그분을 따르는 모든 사람들은 고통당하던 그 남자에게 보여주신 것과 똑같은 사랑과 돌봄과 관심을 누릴 수 있다. 그리스도 인들은 어려움을 당할 때 바로 이 사랑을 붙잡는다.

아내를 기다리던 스티븐 에번스의 예화를 들려줄 때마다 사람들은 그의 아내에게 무슨 일이 일어났는지 알고 싶어 한다. 아내가 돌아왔을까? 왜 늦었을까? 현명하게도 에번스는 이 물음에 결코 대답하지 않는다. 에번스에게 아내가 늦은 이유는 중요하지 않았다. 에번스는 아내를 믿었던 것이다.

이 세상을 사는 동안 우리는 에번스처럼 홀로 남겨져 기다리고 있다. 하나님이, 우리가 원하는 때에, 우리가 바라는 방식으로 나타나 주지 않는 것을 의아해 한다. 아내를 기다리던 에번스처럼 우리는 하나님과 다시 하나가 되기를 기다리면서 그분의 선하심을 반드시 신뢰해야만 한다.

결론

이 장을 맺으면서, 예화 하나를 소개하고자 한다. 하나님의 사랑이 악의 문제에 관한 시원한 답을 주지는 않지만, 소리나 실컷 지르며 홀로 악과 싸울 때 어떤 도움을 주는지에 관한 예화이다.

다른 쪽을 보라

웨스트버지니아 주 세이고의 한 탄광에서 일하던 열두 명의 광부들은 유독 가스를 피하려고 갖은 애를 다 썼다. 광부들은 도움을 기다리며 깊은 갱도에서 함께 모여 있었다. 폭발 직후 구조 작업이 시작되었고, 가족들은 모여서 기도하며 서로 위로하였다.

이렇게 답하라 예화로 풀어보는 기독교 변증

갇혀 있던 광부들이 자신들이 구조되지 못한다는 사실을 언제 알게 되었는지는 알 수 없지만 그들 중 많은 사람들이 작별의 인사를 적어 두었다. 구조 작업을 하던 사람들로부터 단 한 사람만 살아남았다는 소식이 전해지자 가족들은 경악했다. 죽어가던 남자들이 적은 쪽지를 의료반이 발견하여 나누어 주었다. 가족들은 모두 소리를 지르러 가버렸다.

죽은 광부의 형이었던 사람은 자기 동생이 남긴 쪽지가 너무나도 가슴이 아팠지만 동시에 큰 위로가 되었다고 했다. 그의 동생인 마틴 톨러는 광산의 작업 감독이었다. 신앙이 깊었던 그는 보험증 뒤에 다음과 같은 말을 남겼다. "모두에게 말해 주세요. 나라면 다른 쪽을 보겠다고 말예요." **13)**

그리스도인들은 죽음이 끝이 아니라고 확신하기에 절규하면서도 견뎌 낼 수 있다. 그리스도를 믿는 모든 사람들은 언젠가 다시 만나게 될 것이다. 마틴 톨러의 쪽지에서는 "다른 쪽"이라고밖에 되어 있지 않았지만, 성경에서는 이를 생생하게 묘사한다. 사도 요한은 천국에서의 영화로운 연합에 대해 묘사하면서 하나님이 직접 "모든 눈물을 그 눈에서 닦아 주시니, 다시는 사망이 없고 애통하는 것이나 곡하는 것이나 아픈 것이 다시 있지 아니하리니, 처음 것들이 다 지나갔음이러라"라고 말한다(계 21:4). 신자에게 악의 문제는 영원한 것이 아니다. 언젠가 우리는 절규하던 자리를 떠나 우리를 사랑하시는 선하신 하나님과 연합하게 될 것이다.

더 읽어 볼 책

김기현, 『하박국, 고통을 노래하다』(복있는사람).

니콜라스 월터스토프, 『나는 사랑하는 사람을 잃었습니다』(좋은씨앗).

오스 기니스, 『오스 기니스, 고통 앞에 서다』(생명의말씀사).

폴 트루니에, 『고통보다 깊은』(IVP).

필립 얀시, 『내가 고통당할 때 하나님은 어디 계셨습니까』(생명의말씀사).

C. S. 루이스, 『헤아려 본 슬픔』(홍성사).

이렇게 답하라 예화로 풀어보는 기독교 변증

4장
모든 종교가 다 똑같지 뭐! (1)

아래의 사실에 대해서 생각해 보라.

- 다섯 사람 중 한 사람은 이슬람교도이다. [1]

- 1990년 당시 미국에는 30개의 모스크가 있었다. 오늘날에는 3천 개가 넘는 이슬람 사원이 존재한다. 미국에서는 평균적으로 한 주에 하나씩 새로운 모스크가 문을 연다. [2]

- 1990년부터 2001년까지 미국에서 불교는 170퍼센트의 성장을 이루었고, 현재 미국에서 네 번째로 많은 사람들이 믿는 종교가 되었다. 구글에서 "불교(Buddhism)"를 검색하면 37만 개 이상의 사이트를 찾을 수 있다. [3]

- 스스로 그리스도인이 아니라고 말하는 사람들이 전 세계 인구의 67퍼센트에 달한다. [4]

그리스도인으로서 이런 정보를 접할 때 마음이 불안해진다. 그리스도의 가르침을 따르지 않는 사람들이 40억 명이 넘는 이 시점에서, 어떻게 우리가 "진리"를 가지고 있다고 주장할 수 있을까? 세상에 있는 대부분의 사람들이 틀렸다고 믿는 것은 오만하고 엘리트주의적인 것처럼 느껴진다. 무슨 권리로 우리는 다른 이들의 신앙을 판단할 수 있을까?

동료나 이웃이 "그리스도인들이 진리를 독점하고 있다고 생각하는 이유가 뭡니까"라고 묻는다면 어떻게 대답하겠는가? 종교가 다양한 세상에서 그리스도인들은 그리스도가 오늘날 수많은 종교로 가득한 미로 속에서 우리를 안내해 주실 수 있는 독특한 능력을 지니셨다는 우리의 확신을 주의 깊고도 자신 있게 주장할 필요가 있다. 이번 장에서 오늘날 사람들이 종교를 어떻게 바라보는지, 그리고 우리와 다른 신앙을 가지고 있는 사람의 신념에 대해 어떻게 하면 신중하게 도전할 수 있는지 살펴보도록 하겠다.

종교에 대한 사람들의 견해

오늘날 사람들은 신랄한 종교 논쟁을 싫어한다. 당신의 특정한 신앙이 하나님을 독점하고 있다고 믿는다면 그로 인해 열띤 논쟁이 일어날 수도 있고, 종교적으로 박해를 당할 수도 있으며, 사람들에게 따돌림을 당하고, 심지어 전쟁이 일어날지도 모른다. 우리가 종교적인 우월성을 주장하는 집단을 받아들이지 못하는 이유를 존 스토트는 이렇게 설명한다. "인류가 살아남을 수 있었던 것은 바로 우리가 조화를 이루며 함께 살고 공동의 선을 위해 협력하는 법을 배울 수 있었기 때문인 듯하다. 그러므로 종교를 비롯해서 우리를 분열시키는 것에 대

해서는 그것이 무엇이든지 점점 더 싫어하게 되는 것이 어쩌면 당연하다고 할 수 있다." [5]

조화를 증진시키기 위해서 오늘날 대부분의 사람들은 모든 종교가 하나님에게 이르는, 다르지만 똑같이 유효한 길이라는 생각을 받아들인다. 이러한 종교관이 효과가 있을까? 모든 종교가 같은 방향으로 향하는 다른 길일뿐일까? 아니면 여러 다른 신앙들을 이해하는 더 나은 방법은 없을까? 있다면 그것은 어떤 것일까?

친구나 동료와 종교 문제를 이야기할 때 우리가 하나님을 찾는 것에 대해 두 가지 다른 방식으로 이해할 수 있다는 것을 알려 주라. 첫 번째 예화에서는 여러 다른 종교들의 목적, 즉 하나님을 찾는 것에 초점을 맞춘다. 이 예화는 흔히 **산길의 유비**(mountain paths analogy)라고 불린다.

하나님에게 이르는 여러 가지 길

하나님은 가파른 산의 꼭대기에 살고 계신다. 산기슭에는 서로 다른 길을 통해 하나님에게 다가가려는 사람들이 있다. 어떤 길은 굽었고, 어떤 길은 그보다 곧은길이다. 결국 모든 길은 같은 곳, 하나님이 계신 곳에서 만난다.

산을 오르는 사람들이 종종 범하는 실수는 특정한 길에 지나치게 집착하게 되는 것이다. 산 정상을 향해서 한 걸음씩 발을 옮기며 자신들의 길이 정상에 이르는 가장 좋고 유일한 길이라고 믿기 시작한다. 모든 길이 정상에 이르는 유효한 길이라는 것을 깨닫지 못하는 것이다.

친구에게 이 유비를 어떻게 생각하는지 물어보라. 친구는 이 이야기가 하나님을 찾는 우리의 모습을 정확하게 묘사하고 있다고 생각할까?

비판하기 전에 이 유비의 장점을 지적해 주라. 산길 유비의 장점은 여러 다른 종교적 신앙의 다양성과 진실성을 인정한다는 것이다. 각각의 종교는 독특한 역사적 배경이 있고, 그 길을 따라 여행하는 신실한 이들이 있다.

반면, 이 유비의 약점은 두 가지 진리를 무시한다는 점이다. 이 유비에서는, 여러 종교 인물들과 종교 해석자들이 주장한 바, 모든 종교 사이에는 상호 모순이 존재한다는 견해를 진지하게 다루지 않는다. 약점을 하나씩 살펴보도록 하자.

약점 1: 산길의 유비는 주요 종교 지도자들의 주장을 왜곡하고 있다. 마호메트라면 산길의 유비에 대해 어떻게 반응했을까? 마호메트는 이슬람교가 하나님에게 이르는 여러 길 중 하나일 뿐이라고 생각했을까? 그렇지 않다.

마호메트는 그를 따르는 이들에게, 천사 가브리엘이 일련의 환상을 통하여 자신에게 나타났으며 인간에 대한 알라의 최종적이며 결정적인 메시지를 전해 주었다고 가르쳤다. 이슬람교의 핵심적인 믿음은 알라에게 순종할 때에만 구원을 찾을 수 있다는 것이다. 이슬람교도는 알라의 참된 제자가 되기 위해 "알라 외에 다른 신이 없고, 마호메트는 알라의 예언자입니다"라는 말을 공개적으로 암송해야 한다. 이를 거부하면 영원히 알라로부터 분리될 뿐이다.

그러므로 마호메트는 이슬람교가 하나님에게 이르는 여러 길 중 하나일 뿐이라는 생각을 비웃었을 것이다.

예수님도 마호메트와 마찬가지로 자신만이 하나님에게 이르는 참된 길이라고 단호히 주장하셨다. 예수님은 제자들에게 자신이 "길이요, 진리요, 생명"이며 자신을 통하지 않고는 그 누구도 하나님에게 갈 수 없다고 말씀하셨다(요 14:6). 산길의 유비는 그리스도의 말씀이 가지고 있는 강력한 힘을 다 발라내 버렸다. 산길의 유비를 주장하는 사람들은, 예수님이 자신은 **많은 길 중의 하나이며 여러 진리 중 하나**라는 뜻으로 말씀하셨다고 주장한다. 예수님은 이러한 주장에 대해 강력히 반대하셨을 것이다.

예수와 마호메트를 비롯한 위대한 종교적 인물들은 이러한 산길의 유비에 맞추어 자신들이 진리라는 사실을 희석시키느니 차라리 자신들의 견해가 틀렸다고 생각하기를 바랄 것이다.

산길의 유비는 종교에 무관심하고 종교를 잘 모르는 사람들이 편리하게 취할 수 있는 입장이 되는 경우가 많다. 이 견해는 종교에 무관심하고 종교를 잘 모르는 사람들을 정당화시켜 주고, 따라서 그들은 자기 입장을 전혀 바꿀 필요가 없다는 점에서 산길의 유비는 편리하다.

그렇다고 모든 종교가 산길의 유비를 거부하는 것은 아니다. 예를 들어서, 힌두교는 산길 유비의 기본 전제를 받아들인다.

힌두교는 모든 진리가 서로 섞일 수 있으며 심지어 대립되는 믿음도 공존할 수 있다고 주장한다.[6] 이러한 신념, 이른바 종교혼합주의(syncretism)가 산길 유비의 핵심적이지만 암묵적인 주장을 떠받치고 있다. 힌두교는 "모든 종교가 진리이며, 특히 힌두교가 그러하다"라고 믿는다. 산길의 유비가 올바른 견해가 되기 위해서는 마호메트나 예수의 믿음을 근본적으로 변질시켜서 힌두교의 종교관에 끼워 맞추어야만 한다. 어떤 인기 있는 힌두교 선생은, 그리스도인이 자기에게 찾아와 지도해 달라고 말한다고 해도 그 사람에게 그리스도에 대한 신앙을 포기하라고 말하지 않을 것이라 했다. 그 선생은, 그리스도에 대한 견해를 확장시켜서 힌두교의 핵심에 있는 포괄적인 지고의 실체를 반영해 보라고 권유했을 것이다. 산길의 유비는 중립적인 것처럼 보이지만 사실은 결정적으로 동양적인 신관에 편향되어 있다.

약점 2: 산길의 유비는 종교 간의 두드러진 모순을 적절하게 다루지 못한다. 산길 유비의 중심 주장은, 모든 종교가 핵심 신앙에 있어서는 동일하므로 하나님에게 이르는 똑같이 유효한 길이 된다는 것이다. 이것은 참일까? 다른 종교들을 비교해 볼 때 이 말이 맞을까, 틀릴까?

여러 다른 종교들의 핵심 진리를 진지하게 연구해 보면 이 종교들이 핵심적인 이슈에 관해서 의견을 달리하고 있다는 것을 금세 알아차릴 수 있다. '삶의 목적은 무엇일까? 우리를 하나님으로부터 분리시키는 것은 무엇일까? 하나님은 어떤 분일까?'

종교 간의 차이점을 강조하기 위해서 한 가지 간단한 물음에 대해 생각해 보라고 권하고 싶다. 산꼭대기에서, 어떤 분이 당신을 기다리고 있을까?

불교도: 아무도 기다리지 않는다. 불교는 신을 인정하지 않는다. 세계의 종교 지도자들이 함께 모여 이 혼란한 세상을 이끌 윤리에 관한 문서를 만들었을 때, 이 문서에서는 하나님을 언급하지 않았다는 사실은 역설적이다. 그 회의에 참여한 불교도의 믿음을 존중하여 하나님이라는 말을 빼기로 한 것이다. [7]

힌두교도: 수천의 신과 여신들이 기다린다. [8] 신성한 그림, 신상, 이미지, 작은 입상으로 표상된 다수의 신과 여신에 대한 숭배는 힌두교

이렇게 **답하라** 예화로 풀어보는 기독교 변증

영성의 핵심에 자리한다.

이슬람교도: 오직 한 분 하나님이 기다리신다. 수천은 말할 것도 없고 한 분 이상의 하나님이 꼭대기에 앉아 있다는 주장은, 알라는 한 분이시라는 이슬람교의 가장 중요한 신념에 위배된다(코란 112장 1-4). 이슬람교도는 알라를 "아버지"라고 부르지도 않는다. 그렇게 부른다는 것은 알라에게 동반자나 아들이 있다는 뜻이 되기 때문이다.

유대교도: 오직 한 분 하나님이 기다리신다. 산 정상에는 모세, 아브라함, 이스라엘 백성의 하나님이신 YHWH(야훼, 유대교도는 이 단어를 모음을 넣어 발음하지 않고 아도나이라고 읽는다)가 홀로 거하신다.

그리스도인: 한 하나님이 계신다. 이 한 분 하나님은 동질적이고 영원하신 세 위격, 즉 성부 하나님과 성자 하나님과 성령 하나님의 연합으로 존재하신다.

친구에게 이러한 차이에 대해서 어떻게 생각하는지 물어보라. 산꼭대기에는 한 분 하나님이 계실까, 어떤 하나님도 계시지 않을까, 아니면 수천 명의 신들이 있을까? 상식적으로 이 세 가지 대답이 모두 똑같이 진리일 수는 없음이 분명하다. 이슬람교, 유대교, 기독교에서는 오직 한 분 하나님만 산꼭대기에 앉아 계신다고 주장하지만, 이슬람교도와 유대교도는 삼위일체라는 기독교의 관념에 대해 강하게 반대한다.9) 이렇듯 하나님에 대한 각각의 견해들이 화해할 수 없는 것이라면, 산길의 유비는 적절한 것일까?

종교를 바라보는 다른 방식

산길의 유비에 관한 의견을 이야기한 다음에는 친구에게 다른 예화를 들려주라. 이 예화에서는 지금까지 우리가 검토한 종교들 사이의 복잡한 차이점을 존중한다. 종교를 산에 오르는 길이라고 이해하는 대신에 그 안에 각기 다른 방향으로 향하는 길들이 존재하는 미로라고 생각하는 건 어떨까?[10]

다종교적 미로

런던 인근 햄튼 코트의 정원에는 세상에서 가장 유명한 미로가 있다. 약 2.5미터의 울타리로 이루어진 이 미로는 1702년에 세워졌다. 이것은 면적이 약 1천350제곱미터에 달하고, 구불구불한 길은 총 800미터가 넘는다. 이 미로에 들어가자마자 당신은 어떤 길로 가야 할지 선택을 해야 한다. 목적지는 미로의 중앙이다. 어떤 길이 당신을 그곳으로 데려다 줄까? 어떤 길은 금방 막다른 곳에 이르고 만다. 어떤 길은 미로 꽤 깊숙이 들어가서 끝나버리기도 한다. 어떤 두 길은 한참 서로 평행을 달리다가 한 길은 벽을 만나고, 다른 길은 계속 이어진다. 중요한 것은, 최종 목적지인 미로의 중심에 이르게 해줄 **하나의** 길을 찾는 것이다.

산길 이야기보다 미로의 유비가 더 적합하다고 생각하는 몇 가지 이유를 친구에게 이야기해 주라.

첫째로, 미로 이야기는 탐험과 자기 발견에 가치를 부여한다. 어떤 길의 유효성을 평가하는 유일한 방법은 그 길이 어디로 이끄는지를 생각해 보는 것이다. 막다른 곳으로 이끄는가, 미로의 중심으로 데려다주는가? 진지하게 하나님을 찾고자 하는 사람은 각각의 종교들이 주장하는 서로 다른 길들을 주의 깊게 평가해 볼 필요가 있다. 길에

이렇게 답하라 예화로 풀어보는 기독교 변증

서 어떤 결점을 발견할 때 구도자는 그 길을 버리고 다른 길을 찾는 것일까?

둘째로, 종교를 다른 방향으로 향하는 여러 개의 길이 있는 미로라고 생각할 때, 앞서 살펴본 대로 각각 종교들이 상호 모순적인 관점을 가지고 있다는 점을 인정할 수 있게 된다. 미로에서 각 사람은 선택에 직면하게 되고 그 선택은 사람들을 완전히 다른 방향으로 이끌게 된다. 미로 안으로 들어가는 사람들은 미로 중앙으로 가는 길 찾기를 목표로 받아들인다.

셋째로, 미로가 언제나 그렇듯이 어떤 길은 같은 방향을 향하거나 서로 평행하기도 한다. 이슬람교, 유대교, 기독교의 길은 하나님이 한 분이라는 유일신 신앙에 있어서 서로 비슷하다. 힌두교와 불교는 인연과 윤회의 법칙에 대한 믿음에 있어서 서로 비슷하다. 미로 이야기는, 궁극적으로 오직 하나의 길만이 중심에 이르기는 하지만 같은 방향을 향하는 길 사이에 유사점이 있다는 것을 인정할 수 있게 해준다.

다리 놓기

미로 이야기를 들려준 후에는 서둘러서 당신의 친구가 가진 종교가 막다른 골목에 이를 수밖에 없다고 지적하고 싶은 마음이 들 것이다. 이것은 실수가 될 수도 있다. 당신이 막다른 골목이라고 생각하는 것이 친구에게는 신성한 믿음일 수도 있기 때문이다.

어떤 친구가 예루살렘에 있는 바위 사원(Dome of the Rock)에 방문한 이야기를 해준 적이 있다. 거기서 그 친구는 일행과 떨어져 혼자 헤맸다고 한다. 모퉁이를 돌자 경기관총으로 무장한 감시병과 마주치게 되었다. 친구는 손을 들어 올리고 가만히 있을 수밖에 없었다. 자기도 모르게 무단침입보다 더 심각한 일을 저지르고 만 것이다. 바로 성역(聖域)을 침범한 것이다. 마찬가지로, 상대방이 가장 소중히 여기는 믿음에 대해 함부로 이야기하다가는 그 믿음을 거스르는 말을 할 수도 있으며, 그렇게 하다가는 상대의 화를 돋울 수도 있다.

복음을 전하는 그리스도인으로서 우리가 해야 할 일은 이웃이나 친구가 소중히 여기는 믿음을 발견해 내는 것이다. 그런 믿음을 발견한 후에 우리는 스스로 다음과 같은 중요한 질문을 던져야 한다. 그 믿음과 관련된 정서와 거룩함을 인식하는 최선의 방법은 무엇일까? 어떻게 하면 우리는, 다른 사람의 믿음에 관해서 무례하지 않게 이야기할 수 있을까? 성급하게 다른 이들의 믿음을 비판하는 것은 그들을 방어적으로 만들 위험이 있다. 그리고 잠언에서 가르치는 대로 마음이 상한 사람을 설득하는 것은 견고한 성을 얻기보다 더 어렵다(잠 18:19).

앞서 우리는 미로 이야기의 장점이 미로 안의 길 중에는 같은 방향을 향하는 것들도 있다고 인정하게 한다는 것이라고 말했다. 그뿐 아니라 우리는 다른 종교의 가르침들이 기독교적인 가치에도 반영되어 있음을 인정할 수 있다. 그리스도인이라고 해서 다른 종교를 따르는 이들이 행하는 훌륭한 자선이나 활동으로부터 스스로 멀리해야 할 까닭은 없다. 위대한 지혜를 실천하고 훌륭한 삶을 사는 비그리스도인으로부터 우리는 많은 것을 배울 수 있다. 다른 신앙을 가진 이들에 대해 우리가 보낼 수 있는 최대의 찬사는, 그들의 신앙에서 가장 중요한 위치를 차지하는 일들을 인정하는 것이다. 아래의 예화에서는 다른 신앙을 따르는 이들도 그리스도인들과 비슷한 가치를 가지고 있으며 그리스도인들과 똑같은 질문을 한다는 것을 보여 준다.

마하트마 간디의 자비심

간디가 살아있을 때 카스트 체제는 완강히 유지되었다. 이 체제의 맨 밑바닥에는 가난한 농부, 노동자, 도살업자, 청소부가 있었다. 이 사람들은 불가촉천민이라 불리며 일반 사람들로부터 격리되어 살았다. 신전에 들어가거나 공공장소에 있는 탁자에 앉거나 심지어 이들의 그림자가 다른 사람의 그림자와 접촉하는 것조차 금지되었다.

간디는 정치적, 개인적으로 소외될 위험을 무릅쓰며 불가촉천민들의 권익을 대변하였다. 간디가 처음으로 한 일은 불가촉천민이라는 이름을 하리잔(Harijan), 즉 신의 자녀들로 바꾸는 것이었다. 간디는 그들과 교제를 나누는 데서 그치지 않고 불가촉천민이었던 한 사람을 초대하여 함께 생활한 탓에 대중의 저항을 불러일으켰다. 기회가 있을 때마다 가난하고 소외된 사람들과의 연대 의식을 보여 주었다. 간디가 한창 인기가 많았을 당시 기자들은 간디에게, 영국 고위 관리들과 1등석에서 여행할 수도 있는데 인도의 천민들과 3등석에서 여행하기로 선택한 이유가 무엇이냐 물었다. 간디는, 4등석이 없어서 3등석에서 여행했다고 대답했다. 기독교 작가인 필립 얀시는 간디의 이러한 자비심에 깊은 인상을 받았다. "간디는 모든 인간이 날 때부터 가지고 있는 존엄성을 지키기 위해서 평생을 헌신했다. 간디는 인도의 부왕(副王)을 만나는 일과 나병 환자를 위해 진흙팩을 만드는 일이 똑같이 중요하다고 생각했고 그 일에 똑같이 정성을 다했다." 11)

가난한 이들에 대한 긍휼이라는 가치는 이슬람교도도 공유하고 있다. 가난했고 고아였던 마호메트는 가난한 이들을 돕는 것을 이슬람의 다섯 기둥 중의 하나로 삼았다. 이슬람교도는 수입의 일정 비율을 이슬람 공동체 내의 고아, 과부, 병자들을 돕는 일에 쓰도록 내어놓아야 한다. 그리스도인들도 이와 비슷하게 가난한 이들에 대해 관심을 기울인다. 성경에서도 하나님이 보시기에 "정결하고 더러움이 없는 경건은 곧 고아와 과부를 그 환난 중에 (돌보는)" 것이라고 말한다(약 1:27).**12)**

부처의 통찰력 넘치는 물음

우리는 부처라는 이름의 의미가 "깨달은 이"인 것을 알지만, 사실 정확한 이름은 고타마 싯다르타이다. 전설에 따르면, 싯다르타의 아버지는 어린 왕자였던 싯다르타를 호화로운 궁전 안에서만 지내게 했다고 한다. 이 호기심 많은 아이는 자기를 돌보는 교사를 매수하여 궁 밖을 여행할 수 있었다. 호화로운 궁전 밖에서 싯다르타는, 불교에서 사문유관(四門遊觀)이라고 부르는 광경을 목격하게 된다. 바로 병자와 노인, 죽어가는 사람, 지혜를 추구하기 위해 모든 것을 포기한 수행자를 보게 된다. 이러한 광경을 본 부처는 스스로 인생에서 가장 까다로운 **"왜"**라는 물음을 하게 된다. "왜 우리는 고통당하는가? 고통을 피할 수는 없을까? 지혜란 무엇인가? 사람은 어떻게 살아야 하는가?"

싯다르타는 궁을 떠나 이에 대한 해답을 추구하는 삶을 살았다. 싯다르타가 찾은 결론을 불교인들은 사성제(四聖諦)라고 부른다. '삶은 고통이다(고성제[苦聖諦]). 고통의 원인은 이기적인 욕망이다(집성제[集聖諦]). 욕망이 그칠 때 고통도 그친다(멸성제[滅聖諦]). 수행을 통해 우리의 자아가 바뀌면 고통이 그친다(도성제[道聖諦]).'

불교도와 불교도가 아닌 사람 모두, 심오한 통찰과 고통의 문제를 깨닫고자 한 부처의 노력을 높이 평가한다. 가톨릭 철학자인 피터 크리프트는, 오늘날 대부분의 사람들이 부처를 인류 역사상 예수 다음으로 가장 심오한 사상가로 받아들인다고 주장한다. 크리프트는 "부처의 철학 전체는 고통의 문제에 대한 부처의 해답을 중심으로 이루어져 있다. 그 철학이 참이든 거짓이든, 부처는 고통의 신비 속으로 깊이깊이 내려갔던 사람이다. 어떻게 부처의 목소리에 귀를 기울이지 않을 수 있겠는가?"라고 말했다.[13]

하지만 우리는 궁극적으로 부처의 해답 중 많은 것을 거부하기 때문에, 그리스도인들 중에 고통의 문제를 풀어내고자 했던 부처의 노력을 연구하는 사람들이 거의 없다.[14] 이런 식의 태도를 보임으로써 우리는 C. S. 루이스가 제공했던 통찰을 무시하는 셈이다. "다른 사람들은 거의 무시하는 어떤 물음이 사실은 매우 중요하다는 우리의 의견에 공감하는 사람은 우리의 친구가 될 수 있다. 반드시 우리와 의견이 같아야 할 필요는 없다."[15] 우리는 부처의 해답을 거부할지는 몰라도 부처의 물음을 존중할 수 있다. 부처가 씨름했던 물음은 깊은 고통 가운데에서 우리 모두가 씨름하게 되는 그런 물음이었다. '왜 고통이 존재하는 것일까? 나는 그런 엄청난 아픔에 어떻게 대처할 수 있을까? 개인적인 고통을 통해서 더 성숙한 사람이 되기 위해서 나는 무엇을 할 수 있을까?'

다른 종교 지도자들의 업적과 사상을 존중하는 것이 왜 중요할까? 첫째로, 우리가 주요한 종교 지도자들의 사상과 생애를 무시한다면, 우리는 다른 사람들에게 실망을 안겨 주고 말 것이다. 노벨상 수상자인 데스몬드 투투는 그러한 실망에 대해서 이렇게 말한다. "간디가 그리스도인이 아니었다고 해서 간디를 선하지 않다고 말한다면 당신과 나눌 이야기가 더 이상 없을 듯합니다.” 둘째로, 대부분의 대화에서 사람들은 우리가 그들을 대하는 대로 우리를 대하는 경향이 있다. 다른 신앙을 가진 사람들이 **우리의** 이야기를 들어주기 원한다면 우리도 그들의 이야기를 들어주어야 한다. 다른 사람들이 **우리의** 신념에 대해 주의를 기울이기를 바란다면 우리가 먼저 그들의 신념에 주의를 기울여야만 한다. 다른 사람들이 우리와 공통의 신앙 기반을 마련하게 되기를 바란다면, 우리가 먼저 그렇게 해야 한다. 그렇게 함으로써 우리는 대화의 분위기를 조성할 수 있으며, 그들의 기분을 상하게 하지 않으면서 그들의 신앙에 핵심이 되는 진리를 면밀히 살펴볼 수 있는 기회를 얻는다.

길이 어디로 이끄는지 말해 주라

이전까지의 대화에서 당신은 친구에게 미로 이야기의 장점에 대해서 이야기했고, 간디나 부처와 같은 인물을 존중한다고 말했다. 이제 미로 이야기의 핵심에 대해서 이야기할 차례이다. 모든 길이 미로의 중앙으로 이끌지는 못한다는 사실을 알려 주어야만 한다. 어떤 길은 미로 깊숙이까지 들어가지만 결국 막다른 곳에 이르고 만다. 분명히 이러한 이야기를 할 때는 분위기가 어색해질 수도 있다. 먼저 상대방에게 어떤 길이 막다른 곳에 이르는가, 그렇지 않는가는 분명히 개인의 입장에 달려있는 것이라고 말해 주라. 아래에서 우리는 불교와 이슬람교가 막다른 곳에 이르게 되는지, 그렇지 않는지를 살펴보게 될 것이다.

 이렇게 답하라 예화로 풀어보는 기독교 변증

대화의 시작: 불교의 문제점. 부처가 고통의 문제를 깊이 파고들기는 했지만, 우리는 업 혹은 인연의 법칙으로 인해서 불교가 막다른 곳에 이를 수밖에 없다고 생각한다. 간단히 말해서, 업의 법칙이란 한 사람이 이 세상에서 좋은, 혹은 나쁜 삶을 사는 것은 전생에서 행한 일들의 결과라는 믿음이다. 가장 존경받는 불교 인사인 달라이 라마는 "행복의 비결은 좋은 업을 쌓는 것입니다. 불교는 근본적으로 인과응보(因果應報)를 믿습니다"라고 말했다.[16]

업의 법칙이 참이라면, 우리 모두는 잘못된 모든 행위에 대해 보상하고자 하는 부담감을 느끼게 될 것이다. 가장 의외의 모습을 하고 있는 텔레비전의 영웅도 그런 부담을 느꼈다.

「마이 네임 이즈 얼」-카르마 101

인기 텔레비전 시리즈 「마이 네임 이즈 얼」은 얼이라는 사회 부적응자의 삶을 그렸다. 얼의 삶은 그야말로 잘못된 선택의 연속이었다. 작은 복권에 당첨되었다는 것을 알게 되자마자 자동차에 치여 병원에 입원하게 된다. 병원 침대에 누워 있는 동안 "업(카르마)에 대한 깨달음"을 얻게 되고, 얼이 삶에서 행한 300개의 나쁜 일들을 모은 "업보의 목록"을 작성하겠다고 결심한다. 얼은 자신이 잘못을 행한 사람들에게 좋은 일을 행한다면 좋은 업보를 쌓을 수 있을 것이라고 생각한다. 예를 들면 업보 목록에는 이런 것들이 있다.

1. 캠든 마켓에서 어떤 사람한테서 10달러를 훔쳤다.

23. 엄마에게 카네이션을 한 번도 달아드리지 않았다.

50. 세금을 납부하지 않았다.

64. 초등학교 때 케니 존스를 괴롭혔다.

75. 전처에게 성의 없는 성탄절 선물을 주었다.

147. 그웬 워터스에게 비비총을 쐈다.

얼의 목록과 생각이 이 드라마의 인기에 기여하는 것은 사실이지만, 얼은 업에 관한 중요한 사실을 잊고 있다. 선행을 한다고 해서 악행의 결과가 사라지는 것은 아니다.[17] 얼이 아무리 많은 선행을 한다고 해도 여전히 얼은 이생과 내생에서 행한 악행의 결과를 필연적으로 경험하게 될 것이다. 어떤 사람이 나쁜 행위(action)를 했다면 그 사람은 즉시로 부정적인 반작용(reaction)을 피할 수 없게 된다. 이러한 견해 때문에 많은 불교도가 숙명론적인 인생관을 갖게 된다. 얼처럼 우리 모두는 나쁜 행위의 목록을 만들어 볼 수 있다. 우리가 불교의 입장을 취한다면, 우리는 끊임없이 자신의 잘못된 행위를 제한하려고 노력할 것이며, 그 노력에 실패했을 때 결코 피할 수 없는 부정적인 결과에 대해서 스스로 체념하고 말 것이다.

어떻게 하면 나쁜 업에 의해 초래되는 인과의 끝없는 순환으로부터 빠져나올 수 있을까?

록 그룹 유투의 리드 싱어이며 활발한 사회 활동가인 보노는, 자신을 그리스도에게로 이끈 이유가 은총을 통해서 업의 법칙을 벗어날 수 있다는 생각이었다고 말한다.

업이 나에 대한 궁극적인 심판자가 되었다면 나는 큰 난관에 부딪치고 말았을 거예요. 이제 나는 은총에 매달립니다. 예수님이 십자가에서 나의 죄를 대신 지셨다는 믿음을 꽉 붙듭니다. 내가 어떤 사람인지 알기에, 그리고 나 자신의 종교성에 의존하기를 원하지 않기에

그렇습니다. …… 그리스도의 죽음의 핵심은, 그리스도가 세상의 죄를 대신 지셨으므로 우리가 저지른 죄가 우리에게 다시 돌아오지 않으며, 죄인 된 본성 때문에 죽을 수밖에 없게 된 처지에서 건짐을 받았다는 것입니다. [18]

불교는 또 다른 중요한 문제점을 안고 있다. 많은 불교도가 온정적인 사회 봉사자가 되지만 그들은 업의 법칙으로 인해 풀기 힘든 지적인 난제에 휘말리는 듯하다. 달라이 라마를 인터뷰한 후에 짐 비벌리는 깊은 인상을 받았으면서도 전에 배웠던 것들에 의문을 품었다.

달라이 라마는 자신의 책에서 번개를 맞아 죽은 사람은 전생에 했던 어떤 잘못 때문에 그런 운명을 맞을 수밖에 없는 것이라고 말한 적이 있습니다. 그런 기분 나쁜 예는 불교가 가지고 있는 더 심오한 의미와 잘 어울리지 않습니다. 티베트에서 숙청이 일어나는 동안 공산주의 진영 군인들이 비구니들을 강간했던 사건을 생각해 보십시오. 도대체 그 비구니들은 어떤 업으로 인해 그런 끔찍한 일을 당해야 했던 것일까요? [19]

불교는 강간을 극렬히 비판하는데, 그렇다면 한 개인이 누군가에게 강간을 당하는 일에 나쁜 업은 어떤 역할을 하는 것일까? 가난한 사람들은 어떤 업 때문에 그런 고통을 당할까? 억압당하는 사람들은? 불교도 친구와 대화를 할 때 친구의 기분을 상하게 하지 않으면서 이 문제에 대해서 이야기해 보라. 우리의 목표는 다른 사람들의 믿음을 존중하는 동시에 그 믿음에 도전하는 대화를 나누는 것이다.

한 세계관이 신앙의 미로 속에서 우리를 최종 목적지까지 데려다 주었다고 해서 그 세계관을 인정하라고 강요할 수 있는 사람은 아무도 없다. 당신이 왜 이 길을 선택했는지를 이야기해 줄 수 있을 뿐이다.

대화의 시작: 이슬람교의 문제점. 이슬람교도는 알라에게 순종하고 알라를 섬겨야 할 의무가 있다. 평생에 걸친 노력을 통해서 구원을 얻을 수 있다. 알라가 세상을 심판하는 날, 알라는 사람들이 행한 선행과 악행의 무게를 재어 볼 것이다. "(선행의) 무게가 무거운 사람들은 구원을 얻을 것이다. 그러나 그 무게가 가벼운 사람들은 영혼을 잃고 지옥에서 살게 될 것이다"(코란 23장 102-103). 천국에 갈 수 있다고 확신하려면 얼마나 많은 선행을 쌓아야 하는 것일까? 영적 여정에서 믿음을 잃어버린 사람은 어떻게 되는 것일까? 이슬람교도는 자신들에게 천국이 허락되었다는 확신을 느낄 수 있기나 한 것일까?

보증은 없다

작가인 로레인 오리스는 구원의 확신과 씨름하던 경건한 이슬람교도의 이야기를 들려준다.

"저는 사우디아라비아의 한 이슬람교도 가정에서 태어났습니다. 우리 가정은 아주 행복했고, 서로 관계를 소중히 여겼지요. 저는, 알라께서 나에게 하라고 명령하신 것들, 예를 들면 라마단에 금식을 하고, 하루에 다섯 번씩 기도하는 일 외에도 많은 일들을 아주 진지하게 해왔습니다. 그 당시 저에게는 구원의 보증이 없었는데도, 저는 마지막 날에 알라를 만나게 되기를 간절히 원했습니다.

이렇게 답하라 예화로 풀어보는 기독교 변증

얼마나 지났을까요. 저는 정말 힘들어졌습니다. 서서히 알라로부터 멀어졌습니다. 삶은 더 분주해졌습니다. 아주 좋은 직업을 얻고 돈도 많이 벌었지만 죽게 될 그 날을 두려워하였기에 행복하지 못했습니다. 이따금 이런 의문이 떠오르더군요. '내가 과연 천국에서 알라와 함께할 수 있을까? 그러고 나서는 단 몇 초라도 천국에 못 갈 것이라는 생각이 들면서 너무나도 괴로웠습니다.'"[20]

많은 이슬람교도가 이와 똑같은 경험을 한다. 이 이야기를 들려준 다음에 친구에게 이슬람교도는 결코 천국이나 알라의 선의에 대한 보증을 가질 수 없다고 말해 주라. 이슬람교도는 아무리 충실히 믿음을 지켜도 천국에서의 삶을 확신할 수 없다.

우리는 대부분 이 사람처럼 믿음이 약해지는 경험을 하게 된다. 믿음이 약해지고 하나님으로부터 떠나게 되는 이런 경험 없이 종교적인 여정을 마치는 사람들은 거의 없다. 이슬람교의 세계관에 따르면, 심판의 날이 왔을 때 이러한 경험을 했던 사람들은 톡톡히 대가를 치르게 될 것이다.

기독교 철학자인 데이비 클라크는 이를 **계약적**(contractual) 종교관이라고 불렀다. "사람들은 서비스를 받고 수수료를 낸다는 식으로 하나님과 계약을 맺는다. 인간은 돈을 내고, 종교적 의식을 행하고, 종교적인 사상을 믿는다. 그 대가로 보호, 도움, 행운, 삶의 의미에 대한 깨달음, 내생의 처벌로부터의 구원 등을 기대하게 된다."[21] 계약적인 종교관에는 문제점이 있는데, 계약에서 내가 해야 할 부분을 제대로 하지 않으면 어떻게 되는지, 이 계약의 목적이 성취되고 있다는 것을 어떻게 확신할 수 있는지 등이 문제가 된다. 앞의 이야기를 보면 이런 의문을 가질 때 두려움이 생겨난다. "나는 천국에서 하나님과 함께 있게 될까, 아니면 지옥에 가게 될까?"

클라크는 이러한 종교관과 기독교의 **언약적**(covenant) 종교관을 비교한다. "언약적인 관계에서 나는 사랑이라는 선물에 신실하게 반응하기 위해 선한 삶을 산다. 신랑에게 신실하게 살아가는 신부처럼, 하나님의 사랑을 얻기 위해서가 아니라 하나님이 먼저 나를 사랑하셨기 때문에 하나님의 뜻을 따르며 산다."[22]

기독교 신관의 핵심에는 **은총**의 사상이 있다. 사도 바울은 은총에 대해서 다음과 같이 강력하게 설명한다. "너희가 그 은혜를 인하여 믿음으로 말미암아 구원을 얻었나니 이것이 너희에게서 난 것이 아니요 하나님의 선물이라 행위에서 난 것이 아니니 이는 누구든지 자랑하지 못하게 함이니라"(엡 2:8-9). 그리스도인들은 하나님과의 영적인 계약을 온전히 이행할 수 없다는 것을 아주 잘 안다. 다른 종교에서는 계약 이행을 경건의 핵심으로 삼고 있는 반면, 우리는 구원이 행위에 달려 있지 않다고 믿는다. 하나님을 따르는 여정에서 우리가 골짜기로 내려가든지 꼭대기로 올라가든지, 하나님은 그리스도 안에서 우리를 사랑하신다.

새로운 길을 개척하려는 사람들

지금까지 우리는 신앙의 미로에서 이슬람교, 불교, 기독교와 같은 닮고 닮은 길에 대해서 이야기했다. 많은 사람들은 자신들에 앞서 수백만 명의 사람들이 이미 걸었던 길을 편안히 따라가는 쪽을 택한다. 반면 자기 자신만의 영적 여정을 만들기 원하는 이들도 있다. 이런 사람들은 불교도나 기독교도 혹은 이슬람교도로 불리기를 원하지 않는 사람들이다. 한 길에 얽매이는 것을 원치 않고 자신만의 방식으로 하나님을 추구하려고 한다.

미국인의 영성을 분석한 「뉴스위크」 여론 조사에 따르면, 혼자서 기도할 때 하나님과 연결되는 느낌을 가장 강하게 받는다고 대답한 사람들이 40퍼센트에 이른 반면, 예배 장소에서 하나님과 연결되는 느낌을 가장 강하게 받는다고 대답한 사람들은 21퍼센트에 그쳤다. 자신의 종교 생활이 "매우 전통적"이라고 말한 사람들은 27퍼센트에 불과했다. '다른 신앙을 가진 사람들도 구원을 얻거나 천국에 갈 수 있는가?' 라는 물음에 대해 79퍼센트의 응답자가 그렇다고 대답했다. [23]

점점 더 많은 미국인들이 개인주의와 상대주의를 받아들임에 따라 서로 다른 종교를 혼합하는 것을 자연스럽게 여기게 되었다. 존 버스롱은 자신의 책 『미국의 종교적 정체성』에서 종교들 간의 "전통적인 경계"가 해체되고 있으며 사람들은 수많은 종교 속에서 자유롭게 "다중적인 정체성(multiple citizenships)"을 구성하고 있다고 주장했다. [24]

베트남계 칼럼니스트인 안 도(Ahn Do)는 다양한 종교적인 신앙을 가진 다중적 정체성을 갖도록 교육을 받은 자신의 경험을 기술하였다.

아버지는 우리에게 많은 책을 읽히셨고 다양한 음악을 접하게 하셨다. 코란, 힌두교, 유교, 퀘이커, 여호와의 증인에 대해서도 알게 해주셨다. 어머니는 우리를 절에도 데리고 가셨고, 코셔(kosher, 유대교의 율법에 따른 정결한 음식)로 식사를 차려 주셨고, 세속적인 명절에 어울리는 옷을 입혀 주시면서도 첫 번째 영성체를 하게 해주셨다. 두 분 다 우리에게 실천이 곧 신앙이지만 언제나 하나 이상의 믿음이

존재한다는 것을 가르쳐 주셨다.[25]

안 도와 같은 사람에게 종교는, 원하는 것을 마음껏 골라 먹을 수 있는 놀랍고 이색적인 뷔페나 마찬가지다.

이러한 태도에 대해서 우리는 어떻게 반응해야 할까? 자신만의 종교적 세계관을 만들어 내는 방식이 가지고 있는 위험에 대한 아래의 예화를 들려주어 보라.

뷔페식 종교

많은 미국인들이 점점 늘어가는 허리 살을 걱정한다. 여러 가지 원인이 있겠지만 연구자들은 한 가지 원인에 특별히 주목한다. 바로 뷔페식 식사이다. 뷔페가 어떤 것인지 알 것이다. 뷔페에서는 일정한 가격에 무엇이든지 원하는 만큼 먹을 수 있다. 선택할 수 있는 음식은 무궁무진하며 빠른 결정을 요구한다. 줄을 서서 원하는 음식으로 접시를 가득 채운다. 돈을 내고 넘치는 접시를 들고 와 먹기 시작한다. 접시만 봐도 누구든지 당신이 좋아하는 것과 싫어하는 것을 알 수 있을 것이다. 접시에는 파스타와 디저트, 빵과 튀김으로 가득하고, 푸른 야채는 눈을 씻고 봐도 없다. 비만 전문가인 로버트 제프리는, 뷔페가 필요한 것보다도 원하는 것을 찾아 과식을 하는 인간의 나쁜 습성을 이용한다고 주장한다.[26]

이것은 종교를 혼합하는 것에도 똑같이 적용된다. 특정한 종교를 빌려 올 때 우리는, 그 종교에서 우리가 좋아하는 측면만 취하면서 까다롭거나 불편한 부분에 대해서는 모른 척 넘어가려고 한다. 많은 이

이렇게 답하라 예화로 풀어보는 기독교 변증

들이 불교의 명상에 매력을 느낀다. 하지만 검소하게 살고 욕망을 제거하라는 부처의 강력한 가르침은 무시한다. 사람들은 기독교가 강조하는 하나님의 사랑에 끌리지만 희생과 순결의 삶을 추구하라는 하나님의 명령은 듣지 않으려 한다. 우리가 자신만의 종교적인 세계관을 만들려 할 때, 결국 좋아하는 것과 싫어하는 것을 투사해서 우리가 이미 믿거나 좋아하는 것을 결코 포기하지 않아도 되는 맞춤 종교를 만들어 낼 뿐이다. 결국 자신을 닮은 하나님을 지어내고 만다. 하나님이 자신의 형상대로 우리를 만드신 것이 아니라, 우리가 우리의 형상대로 하나님을 만드는 꼴이 된다.

우리는 스스로 종교적 세계관을 만들 자격이 있을까? 우리 중에 자신을 수술하거나 아무것도 없이 자신만의 컴퓨터를 만들 수 있는 사람은 거의 없다. 그런데 어째서 우리에게 자신만의 종교적인 길을 만들어 낼 자격이 있다고 생각하는 것일까?

공통된 종교적 열망

미국인들은 매우 다양하지만 영성에 큰 가치를 부여한다는 점에서는 일치를 보인다. 「뉴스위크」 여론조사에서 자신이 종교적이거나 영적이지 않다고 대답한 사람은 8퍼센트에 불과했다. 지금 우리의 동료나 가족이나 친구들 대부분이 신앙, 영성, 하나님의 문제에 대해 관심을 가지고 있다고 확신할 수 있는 셈이다.

우리는 대부분 신앙의 미로에 어느 정도는 이미 들어와 있다. 우리 혼자 이 미로를 헤쳐나가야 하는 것일까, 아니면 길을 알고 있는 사람이 있는 것일까? 그런 안내자는 어떤 자격을 갖추어야 할까? 이러한 자격 요건을 확인하는 방법이 있을까? 다음 장에서는 이런 물음에 대해서 다루어 보도록 하겠다.

5장

모든 종교가 다 똑같지 뭐! (2)

1년에 30만 명이 넘는 사람들이 기꺼이 길을 잃고 헤매기 위해 햄튼 코트의 미로를 찾는다. 1700년에 이 미로가 처음으로 대중에 공개되었을 때 어떤 방문객들은 길을 잃고 절망하기도 했다. 안내하는 사람들은 방문객들이 외치는 소리를 듣고 그들이 빠져나올 수 있도록 도울 수 있었다. 지금은 그런 문제가 없다. 직원 한 명이 미로 위에 높이 설치된 단 위에 올라서서 크게 소리치며 길 잃은 방문객들을 빠져나올 수 있도록 도와준다.

그리스도인들은 마치 미로 위에 서 있는 직원처럼 하나님이, 어떤 길이 막다른 곳에 이르는 길인지, 하나님에게 이르는 길인지 아신다고 믿는다. 하나님은 우리에게 길을 가르쳐 주시기 위해, 그저 단 위에서 소리치는 것으로 만족하시지 않는다. 하나님은 우리의 안내자가 되시려고 그리스도를 통해 오셨다. 그리스도 안에 "신성의 모든 충만

이 육체로 (거하신다)"는 것이 기독교의 근본 신앙이다(골 2:9). 신적인 관점을 가지고 계신 예수님은 어느 길이 우리를 미로에서 빠져나오게 해줄, 하나님이 만드신 길인지 계시하신다.

앞 장에서 우리는 미로에서 길을 개척한 종교적인 인물들의 통찰을 존중하는 것이 중요하다는 점에 대해 이야기했다. 다른 종교 지도자들의 업적에 초점을 맞춰서 이야기했으므로, 이제 그리스도의 삶에 대해 이야기하고, 그리스도가 권위 있는 안내자가 될 수 있는 이유에 관해서 언급하더라도 상대는 당신의 말에 귀를 기울일 것이다.

예수의 삶

초대 교회에서 예수를 따르던 이들은 예수가 하나님이라는 것을 어떻게 확신할 수 있었을까? 예수님을 따르기 위해 박해와 고난과 심지어 죽음을 견딜 수 있을 정도로 굳은 믿음을 어떻게 지킬 수 있었을까? 예수를 따르던 이들은 예수님이 자신에 관해서 하신 주장에 대해서뿐만 아니라 이러한 주장을 뒷받침하는 기적에도 주목했다. 복음서는 신앙의 미로 속에서 사람들을 하나님에게로 이끌 자격을 갖추신 분이 그리스도이심을 극적으로 보여 준다. 네 가지 강력한 예화에 대해 생각해 보라.

자격 1: 신성에 대한 주장. 예수님의 주장에 따르면 예수님이 사람들을 하나님에게로 이끄실 수 있는 가장 중요한 이유는 예수님과 하나님이 하나라는 자격이다. 범신론이 아니라 유일신론의 관점에서 예수님이 이렇게 말씀하셨음을 명심하라. 예수님은 우리 모두처럼 자신이 어떤 일반적인 의미의 하나님이라고 말씀하신 것이 아니라 모든 피조물과 구별되는 유일한 창조주라고 말씀하셨다. 이것은 그때나 지금이나 충격적인 주장이다.

나는 나다

종교 지도자들과 수많은 논쟁을 하면서, 한번은 예수님이 자신의 생명을 위험에 빠뜨릴 만한 주장을 하셨다. 예수님이 하신 이 하나의 주장 때문에 그분을 반대했던 이들은 격분하며 예수님을 돌로 쳐 죽이려 했다. 예수님이 뭐라고 하셨기에 그랬을까? 예수님은 하나님이 모세에게 주신 하나님의 이름을 말한 것이다.

출애굽기에서 모세는 자신감 상실의 위기를 겪고 있었다. 그는 하나님의 이름을 알고 싶었다. 그래야 하나님이 택하신 지도자라는 신뢰를 얻을 수 있을 것이라고 생각했다. 하나님은 "나는 곧 나다. 너는 이스라엘 자손에게 이르기를, '나' 라고 하는 분이 너를 그들에게 보냈다고 하여라"(출 3:14, 표준새번역). "나는 나"라는 이름은 하나님은 영원하시며 시간을 초월하시는 만물의 창조주이심을 뜻한다. 이 이름은 거룩하여 유대인들은 감히 이를 발음조차 하지 않았다.

예수님은 하나님의 거룩하신 이름을 말씀하셨을 뿐만 아니라 자신을 지칭하기 위해서 그 이름을 사용하셨다! 아브라함이 위대한 사람이었지만, 예수님은 아브라함보다 먼저 존재하셨다고 주장했다. "아브라함이 나기 전부터 내가 있느니라"(요 8:58). 유대인들은 그분의 주장에 헷갈리기 시작했다. 감히 하나님의 이름을 자신에게 적용한 예수님은 율법에 따라 사형을 받아야 한다(레 24:16). 무리가 예수님을 잡으려 했을 때 예수님은 피하셨다. 또 한 번은, 예수님이 예루살렘 밖에서 무리에게 "나와 아버지는 하나이니라" 라고 선언하셨다(요

10:30). 유대인들은 다시 돌을 들어 참람죄를 범했다고 비난했다. "네가 사람이 되어 자칭 하나님이라 함이로라"(요 10:33).

이 예화를 말해 준 다음, 예수만 이러한 주장을 하셨다는 점을 짚어 주라. 마호메트는 자신이 알라의 예언자일 뿐이라는 것을 기꺼이 인정했으며, 부처도 자신이 깨달음을 구하는 사람일 뿐이라고 말했다. 만약 예수님이 스스로 주장하신 것이 사실이라면, 미로의 모든 길은 **예수님에게로 가는 길**이다. 예수님 자신이 그분의 모든 가르침의 궁극적인 핵심이다. 예수님은 어떤 길이 어느 지점에서 막다른 곳을 만나는지, 어떤 길이 옳은 길인지 정확히 알고 계신다.

자격 2: 죄를 용서할 수 있는 예수의 능력. 만약 예수님의 주장이 사실이라면, 예수님은 죄를 용서할 수 있는 능력과 권위를 갖고 계신다. 간음한 이들과 창녀, 교활한 세리에서 십자가형을 당한 중죄인까지, 예수님은 용서를 가장 절실히 구하는 사람들에게 용서를 베푸셨다.

용서할 수 있는 능력

예수님이 어떤 집 안에서 무리에게 말씀하고 계실 때 위에서 무슨 소리가 나는 것을 들으셨다. 올려다보시니 지붕에 난 구멍을 통해서 한 남자가 누워 있는 침상이 내려오고 있었다. 그 사람은 중풍병자였고, 그의 친구들은 예수의 주의를 끌어 보려고 필사적으로 노력하였다. 그 노력은 주효했다. 예수님은 중풍병자를 보시고 말씀하셨다. "이 사람아 네 죄 사함을 받았느니라"(눅 5:20).

이 말에 예수를 비판하는 이들은 경악했다. 죄를 용서할 수 있다고 주장하는 것은 참람죄, 즉 신성모독의 죄이다. 예수님은 그들의 생

이렇게 답하라 예화로 풀어보는 기독교 변증

각을 아시고 그들에게 더 구체적인 가르침을 주고자 하셨다. 그분은 죄를 용서하는 것이 쉬운지, 중풍병자에게 걸으라고 말하는 것이 더 쉬운지 물으셨다. 아무도 감히 대답하지 않았다. 예수님은 병자에게 침상을 들고 집으로 가라고 말씀하셨다. 병자가 그렇게 하는 것을 보고 모두들 놀랐다. 예수님이 하신 말씀의 의미는 분명하다. 예수님은 이 병자를 치유하기 위해 사용하신 바로 그 능력으로 그의 죄를 용서하신 것이다.

예수의 적대자들은 예수님이 오직 하나님만 하실 수 있는, 다른 이들의 죄를 용서하는 일을 하신다고 주장했기 때문에 몹시 화를 냈다. 인간은 **우리**에 대해 범한 행위에 대해서만 용서할 수 있을 뿐이다. 당신에게 해를 입힌 누군가를 내가 용서한다면, 당신은 어떤 반응을 보이겠는가? 당신은 화를 낼 것이다. **나**에 대해 죄를 지은 사람을 어떻게 **당신**이 용서할 수 있단 말인가? 예수님은 죄의 당사자가 누구이든지 간에 모든 죄가 궁극적으로는 하나님에 대한 죄라는 것을 아셨다. 예수님이 하나님이시기 때문에 예수님은 누구든지 용서할 수 있는 신적인 특권을 가지고 계셨다. 죄를 용서하신다는 예수의 주장에는 그 주장을 확인시켜 주는 기적이 동반되었다는 것을 당신의 친구에게 가르쳐 주라.

예수님이 죄를 용서한다고 주장하신 것은 예수님을 다른 종교 지도자들과 구별하는 또 다른 특징이라고 할 수 있다. 마호메트는 자신이 다른 이들의 죄를 용서할 수 있다는 생각을 피하려고 했을 것이다. 부처에게는, 자신이나 다른 이들을 위해 나쁜 업의 결과를 없앨 수 있는 능력이 없었다. 그러나 예수님은 다른 이들에게 "내가 너를 용서한다"라고 자주 말씀하셨다.

자격 3: 기적을 행할 수 있는 능력, 그런 능력을 제자들에게 위임하여 예수의 이름으로 기적을 행할 수 있도록 하신 능력. 마가복음은 일련의 기적을 행하시는 예수의 능력을 보여 준다. 예수님은 성난 파도를 잠잠하게 하셨고(막 4:39), 귀신 들린 남자를 고치셨으며(막 5:13), 전에는 아무도 고칠 수 없었던 혈루병(혈우병)에 걸린 여인을 낫게 하셨다(막 5:34). 그런 다음 마가는 예수님의 가장 가까운 친구들마저 깜짝 놀라게 했던 기적에 대해 묘사한다.

죽음을 이기는 능력

한 아버지가 예수의 발 앞에 엎드려 고통스럽게 애원한다. 열두 살 난 그의 딸이 죽어 간다. 오셔서 그 아이에게 안수하여 낫게 해주시기를 아버지가 예수께 간절히 애원하고 있다. 딸의 목숨을 살려 달라고 간청할 때, 아이가 이미 죽었으니 집으로 돌아오라는 전갈이 도착했다. 소녀의 아비와 함께 집으로 가신 예수님은 모두를 깜짝 놀라게 하는 주장을 하신다. "이 아이가 죽은 것이 아니라 잔다"(막 5:39). 어린 소녀의 죽음을 애도하던 사람들은 예수의 말씀이 무심하다고 생각하며 성을 낸다. 그러나 예수님은 부모를 데리고 아이 곁으로 가신다. 예수님은 아이의 손을 잡으시고 "내가 네게 말하노니 소녀야 일어나라"라고 말씀하신다(막 5:41). 그리고 소녀가 정말로 일어났다! 그 짧은 한 마디로 예수님은 이 소녀를 다시 살려 내셨다. 마가는 소녀의 부모가 크게 놀랐다고 말한다. 누가 놀라지 않았겠는가?

흥미로운 점은, 예수의 적대자들이 예수님이 기적을 행하셨다는 사실을 부정하지는 않았다는 것이다. 오히려 그들은 예수님이 마법이나 사탄적인 능력으로 기적을 행했다고 주장했다. 다음 장에서는 예수님의 모든 주장을 증명해 주는 한 가지 기적, 즉 그리스도 자신의 부활에 대해서 살펴보도록 하겠다.

예수님이 세우신 교회의 역사 전반에 예수의 이름으로 행하는 기적적인 치유가 계속되어 왔다. 최근에 「워싱턴 타임즈」에 중국에서 기독교가 폭발적으로 성장하고 있다는 특집 기사가 실린 적이 있다.[1] 이 기사는, 공산당원이 7천만 명인 중국에서 지하교회 신자의 수가 적어도 1억 명은 된다고 보도했다. 왜 기독교가 성장하고 있을까? "중국에서 기독교의 성장세를 이끄는 한 가지 중요한 힘은 치유 능력이다. 특히 이러한 경향은 기본적인 의료 서비스조차 부족한 농촌 지역에서 두드러지게 나타난다." 이 기사에서는 의사들도 처음 보는 바이러스에 감염된 젊은 여성의 이야기를 소개한다. 이 여성은 인공호흡기를 하고 있었고, 어느 누구도 이 여성이 회복할 것이라고 기대하지 않았다. 하지만 기도한 후 여성은 병이 나았고 완전히 회복되었다. 이 일이 있은 다음 "이제 이 여성의 가족도 그리스도를 따르게 되었다."

자격 4: 구원을 보증할 수 있는 능력. 이슬람교도는 평생토록 자신들의 최종적인 운명에 대해 불확실성을 안고 살아간다. 이슬람교도가 알라의 심판을 받으면 어떻게 될까? 힌두교도는 내세의 삶이 선과 악의 업에 의해 결정되는 윤회의 무한한 반복에 대해 체념하며 살아간다.

우리가 다른 사람들에게 소개할 수 있는 그리스도의 가장 중요한 자격은, **지금** 구원을 주실 수 있는 그리스도의 권위일 것이다.

천국이 보장되다!

십자가형은 효과적인 처벌이면서도 매우 고통스러운 형벌이다. 누가는 예수님이 다른 두 범죄자와 함께 십자가에 달리셨다고 말한다 (눅 23:32). 로마인들이 제정한 십자가형에는 분명한 제한이 있었다. 이 야만적인 사형은 살인이나 반역, 무장 강도로 유죄 판결을 받은 노예나 외국인에게만 시행되는 형벌이었다. 로마의 시민권자는 아주 심각한 반역을 저지른 경우에만 십자가형을 당하게 된다.

그리스도와 더불어 처형된 두 사람은 악한 이였다. 그러나 둘 중 한 사람은 마음이 부드러워지기 시작했다. 그는 자신이 마땅히 받아야 할 형벌을 받고 있다고 인정했다. 그리스도는 죄가 없을 뿐 아니라 스스로 주장하신 대로 정말로 하나님이라는 것을 한 사람은 알아차렸다. 그는 예수에게 의지하며 "당신의 나라에 임하실 때에 나를 기억하소서"라고 말한다(눅 23:42).

예수님은 자기를 구원해 달라는 한 강도의 간청을 들으시고 구원을 보장해 주신다. "오늘 네가 나와 함께 낙원에 있으리라"(눅 23:43).

이 예화에서 강조해야 할 중요한 점은, 다른 종교의 경우였다면 이 범죄자의 상황이 얼마나 절망적이었겠는가 하는 것이다. 이슬람교에 따르면 그 강도는 구원 받을 가망이 거의 없다. 십자가형을 받아 마땅한 범죄자로서 알라에게 심판을 받게 될 때, 그의 악한 행위의 무게는 선한 행위의 무게를 분명히 능가했을 것이다. 이슬람교도에게는 심판의 날에 입을 수 있는 은총이란 없다. 불교에 따르면, 그 범죄자는 자신의 나쁜 업 때문에 반드시 부정적인 모습으로 윤회하게 될 것이다. 그러나 누가복음에서는 이 사람이 용서 받았다고 말한다. 그는 아무것도 하지 않았지만 그리스도를 통해서 하나님에게 용서를 받았다. 죽자마자 그는 그리스도와 함께 천국에 들어갔다.

앞의 네 가지 예화에서 보여 주는 그리스도의 독특성이 바로 다른 종교에서도 그리스도를 존경하는 이유라고 할 수 있다. 힌두교도와 불교도는, 깨달음을 얻은 선생으로 예수님을 존경하며, 이슬람교도는 예수님을 이슬람의 가장 위대한 예언자들 중 한 분으로 인정한다.[2]

예수를 이렇게 소개한 후 당신의 친구에게 예수님을 어떻게 생각하는지 물어보라. 지금까지 나눈 이야기를 통해서 볼 때 예수님에게, 신앙의 미로에서 우리의 인도자가 될 자격이 있을까? 여기서 당신의 친구가 물음에 답하도록 하라. 다음 부분에서는 예수의 주장과 권위에 대해 우리가 반응할 수 있는 몇 가지 방식에 대해 이야기하도록 하겠다.

예수에 대한 당신의 결정

그리스도의 주장에 대해서 우리는 어떻게 해야 할까? 그리스도는 죄를 용서할 권위를 가지고 계실까? 기적을 행하는 분이신가? 그리스도의 주장은 우리를 어색하게 만든다.

거짓말쟁이, 미치광이, 아니면 시간 여행자?

마케도니아는 고고학자들이 꿈꾸는 곳이다. 그곳은 제우스 같은 신화 속의 신들과 알렉산더 대왕과 같은 정복 영웅들의 고향이다. 파스코 쿠즈만은 마케도니아에서 가장 존경 받으면서도 특이한 고고학자이다. 파스코는 흠잡을 데 없는 학문적 권위를 가지고 있으며,

고고학적 보물을 찾아내는 신기한 비법도 가지고 있다고 알려졌다. 또한 소동도 꽤나 일으킨다고 한다. 논쟁은, 파스코가 왼쪽 손목에 차고 있던 세 개의 시계 때문에 일어난 것이었다. 파스코는 이 세 개의 시계가 그로 하여금 과거나 미래로 여행할 수 있도록 만들어 주는 타임머신이라고 주장한다. 자신이 거기에 **가보았기** 때문에 청동기 시대를 아주 잘 안다는 것이다.

우리는 자칭 시간 여행자 파스코에 대해서 어떻게 판단해야 할까? 첫째로, 우리는 그가 거짓말을 하고 있다는 결론을 내릴 수 있다. 그의 주장은, 흔히들 무시하는 분야에 대해 관심을 끌어 보려는 악의 없는 거짓말인 것이다. 둘째로, 우리는 파스코가 정신적으로 불안정하다고 생각할 수도 있다. 파스코는 자신이 시간을 조작할 수 있고 신석기 시대에 다녀왔기 때문에 그에 대한 직접적인 지식을 가지고 있다고 정말로 믿는 것이다. 하지만 파스코가 약간 불안정하다는 결론을 내린다면 전문가로서의 파스코에 대한 우리의 신뢰는 크게 약화될 것이다. 아니면 파스코 자신이 주장하는 그런 사람, 즉 최초의 시간 여행자라는 결론을 내릴 수도 있다. 오직 파스코만이 미래를 예측할 수 있고, 우리가 오랫동안 궁금해하던 역사에 관한 의문을 해소할 수 있다는 것이다. 만약 파스코의 주장이 참이라면, 그는 역사가들과 주식 중개인들이 모두 찾던 바로 그 사람인 것이다.

예수님이 하신 주장에 비하자면 파스코의 주장은 애들 장난에 불과하다.

그리스도는 시간을 가로질러 여행할 수 있다고 주장하지 않으셨다. 시간 **전부터** 존재했다고 말씀하셨다. 우리는 알렉산더 대왕의 업적에

 이렇게 답하라 예화로 풀어보는 기독교 변증

경탄하지만, 그리스도는 자신이 알렉산더의 창조주이시며 그의 영혼을 심판할 권위를 가지고 계시다고 말씀하셨다. 그리스도는 제우스와 같은 신에 대해서 안다고 주장하지 않으셨다. 자신이 유일한 참 하나님이라고 분명하게 말씀하셨다. 시간 여행을 한다는 파스코의 주장에 대해서 우리는 한 재능 있는 고고학자의 과도한 상상력일 뿐이라고 무시할 것이다. 그리스도의 말씀은 그런 식으로 쉽게 무시할 수 없다. 죄를 용서하거나 구원을 보증할 수 있다고 하신 말씀이 거짓이었을까? 그런 거짓말은 도덕적으로 비난 받아 마땅할 것이다. 예수님은 미치광이였을까? 자신이 하나님이고 자신의 가르침이 신적이라고 믿고 있을 뿐이었을까? 아니면 스스로 주장하신 그런 분, 즉 하나님이실까?

우리가 반드시 피해야만 하는 한 가지는, 예수님이 거짓말쟁이라거나 미치광이임에도 **여전히** 선한 도덕 교사라고 믿는 것이다.[3] 둘 다 믿을 수는 없는 일이다. C. S. 루이스는 이 점을 강력하게 주장한다.

우리는 선택을 해야 한다. 예수님은 하나님의 아들이셨고 하나님의 아들이시다. 그렇지 않다면 미치광이일 뿐이다. 아니면 그보다 더 악한 사람일 것이다. 예수님을 바보라고 무시할 수는 있다. 예수님에게 침을 뱉고 마귀라고 욕할 수도 있다. 아니면 예수님의 발 아래 엎드려 그분을 나의 주, 나의 하나님이라고 부를 수 있다. 하지만 예수님 앞에 와서 선심 쓰듯이 그분이 위인이며 훌륭한 선생이었다는 말도 안 되는 소리를 하지는 말라. 예수님은 당신에게 그런 선택의 여지를 남겨두지 않으셨다. 예수님이 그렇게 의도하지 않으셨다는 말이다.[4]

반대 의견

미로 예화나 그리스도의 주장에 대해 이야기하는 동안 당신의 친구나 직장 동료는 두 가지 반대를 제기할 수도 있다. 첫 번째 반대는, 미로 예화가 종교 간의 갈등을 유발할 수 있다는 주장이다. 두 번째 반대는 하나님에게 이르는 유일한 길이 그리스도라는, 이 주장의 불안한 의미를 규명하라는 것이다.

반대 1: 전도의 악. 『기독교 변하지 않으면 죽는다』(한국기독교연구소 역간)라는 도발적인 책에서 자유주의 신학자인 존 쉘비 스퐁은, 다른 신앙을 가진 사람들을 개종시키려는 모든 노력은 자기와 다른 사람에 대한 교만과 적대감의 표현일 뿐이라고 주장했다.[5] 오늘날 **전도**라는 말은 광신, 교만, 불관용이라는 말과 동의어가 되었다. 당신의 친구는, 다른 종교를 가진 사람들이 격한 논쟁을 벌이며 서로 상대방의 길이 막다른 길이라고 우기게 된다면 결국 미로의 예화는 스퐁이 묘사한 것처럼 적대감을 만들어 내고 말 것이라고 주장할지도 모른다.

종교에 관한 격한 논쟁을 벌이는 것은 바람직하지 않다는 친구의 말에 동의하라. 미로 예화의 목적은 생산적인 대화를 이끌어 내는 것이다. 즉, 대화를 주고받으며 자기와 다른 관점을 존중하고 비판하고 때로는 교양 있는 방식으로 그에 도전하기도 하는 것이다. 역사에서, 핵심적인 주제인 자유와 인종, 성, 하나님 등에 관한 중요하고도 때로는 격렬한 토론이 매우 중요한 역할을 해왔다. 상대방을 설득하는 대화의 중요성을 강조하는 아래의 예화에 대해서 생각해 보라.

소감 선언서

1800년대 초, 미국 여성들은 자신들이 사회적인 변화를 촉발할 능력이 없다는 점에 대해 절망하였다. 여성들은 투표를 할 수 없었고 공적인 목소리를 거의 낼 수 없었다. 1848년 뉴욕 시에서는 이러한 여성의 기본적인 권리를 쟁취하기 위한 노력이 시작되었다. 루크레티어 카핀 모트와 메리 앤 매클린탁, 엘리자베스 케이디 스탠튼을 비롯한 여권 운동가들이 세니커폴스 회의(Seneca Falls Convention)를 개최한 것이다. 이 회의에서 가장 중요한 순간은, 스탠튼이 독립 선언서를 본 떠 작성한 "소감 선언서"라는 제목으로 연설했을 때였다. 다음은 그 중의 일부이다. "우리는 이러한 진리가 자명하다고 주장한다. 즉, 모든 남자와 여자는 동등하게 창조되었다. 모든 남자와 여자는 창조주로부터 양도할 수 없는 권리를 부여 받았으며, 여기에는 생명과 자유, 행복을 추구할 권리 등이 포함된다."[6]

이 연설을 통해서 계속될 여성의 인권에 대한 공적인 논의가 촉발되었고, 이 논의는 그 후 72년 동안 계속되었으며, 여성에게 투표권을 부여하는 헌법 개정안이 통과된 1920년 8월 26일에 비로소 그 결실을 보게 된다. 다른 사람들을 설득하려고 노력했던 이 여성들에 관해서 스퐁은 뭐라고 말할까? 설득하기 위한 여성들의 노력이 자신과 다른 사람들에 대한 교만과 적대감의 표현이었다고 말할까? 종교 단체든 정치 단체든, 어떤 집단이 적대적인 태도를 드러내거나 교양 없는 방식으로 대화한다면 그들을 비판하는 것이 옳다. 그러나 스퐁은 다른 사람들을 설득하고자 하는 모든 종교적인 대화를 적대적이며 교만한 것이라고 정형화하는 잘못을 범하고 있다. 서로 존중하며 사려 깊은 방식으로 하나님에 관해 다른 사람을 설득하고자 하는 대화는 우리가 나눌 수 있는 가장 가치 있는 대화이다.

반대 2: 그리스도를 영접할 기회가 없었던 사람들은 어떠한가? 많은 그리스도인들은, 그리스도가 하나님에게 이르는 유일한 길이라는 우리의 주장이 이런 까다로운 문제를 제기한다고 생각한다. 신앙의 미로 속에서 기독교라는 길이 있다는 것조차 모르고 있었던 사람들은 어떻게 되는 것일까?

2장과 3장에서 논의한 악의 문제에 대해서 대답할 때와 마찬가지로 당신의 친구 앞에서 이 문제가 까다롭고 다루기 힘들다는 것을 인정하는 것이 좋다. 우리들 대부분에게 이 문제는 쉽게 해답을 찾기 어렵고 주의 깊은 성경 연구를 요하는 문제이다.[7]

이런 어려운 문제를 다룰 때는, 우리가 알고 있는 것으로부터 시작해서 덜 확실한 것으로 나아가는 것이 좋다. 성경을 보면, 하나님이 지리적인 장소에 관계없이 모든 사람들에게 사랑을 베푸신다는 것은 분명하다(요 3:16). 마찬가지로 하나님이 모든 사람들이 구원을 받고 진리를 아는 데에 이르기를 원하신다는 점 또한 분명하다(딤전 2:4). 하나님과 인간 사이에는 단 한 분의 중보자, 예수 그리스도가 있다(딤전 2:5). 하나님은 세상을 매우 사랑하셔서 그분을 따르는 사람들에게, 전 세계에 복음을 전하기 위해 모든 것을 희생하라고 명령하셨다(마 28:19-20, 막 16:15-16, 눅 24:46-48, 행 1:8).

성경에서는, 그리스도가 구원에 이르는 필수적인 수단이며 구원 받으려면 누구든지 그리스도의 이름을 불러야 한다고 분명히 말하고 있다(롬 10:9-13). 그렇다면 지금까지 선교사가 한 번도 가지 않은 곳에 사는 사람들은 어떻게 되는 것일까? 성경에서는 이 문제에 대해 상대적

    이렇게 답하라 예화로 풀어보는 기독교 변증

으로 침묵하기 때문에, 그리스도인들은 그리스도에 대해 한 번도 들어 보지 못한 사람들에게 장차 어떤 일이 일어나게 될지 그저 추측해 볼 수 있을 뿐이다.[8] 어떤 입장을 취하든지 자신들이 정답을 가지고 있다고 온전히 확신할 수는 없다. 하지만 한 가지만은 확신할 수 있다. 즉, 하나님은 기독교라는 길에 대해 몰랐던 이들에 대해서도 의롭게 행하실 것이다. 인간 재판관들의 판단과는 달리, 하나님은 언제나 모든 것을 아시고, 편견 없이, 긍휼의 마음으로, 신뢰할 만한 판단을 내리신다. 하나님은 이상적인 재판관이시다.

판사의 윤리 규정

미국변호사협회(ABA, American Bar Association)는 40만 명 이상의 회원을 거느린 세계 최대의 자발적 전문인 기관이다. 이 단체는 변호사들이 어려운 상황을 만날 때 그들에게 될 조언을 제공하기 위해 설립되었다. 변호사들에게 최악의 악몽은 판사가 부적절하게 행동할 때이다.

미국변호사협회에서는 판사가 어떻게 행동해야 하는지에 관한 분명한 규정을 자체적으로 마련해 놓았다.

판사는 법을 존중하고 그에 따라야 하며, 언제나 사법부의 정직성과 공정성에 대한 대중의 신뢰도를 높일 수 있도록 행동해야 한다. 판사는 그 어느 때라도 신분에 걸맞은 정직성, 공정성, 성품, 판사로서의 적합성에 반하는 행위를 해서는 안 된다.[9]

만약 판사가 이 윤리 규정에 반하는 행동을 했을 때, 변호사는 이의를 제기할 법적인 근거를 갖게 된다. 판사는 자격을 상실한다.

미국변호사협회의 이상적인 판사에 대한 규정을 소개한 다음, 친구에게 이 협회에서 완벽한 판사의 모습을 어떻게 그렸다고 생각하는지 물어보라. 우리가 정의나 공정에 대해 지각을 하는 것은 의롭고 공평하신 하나님의 형상에 따라 지음을 받았기 때문이라고 그리스도인들은 믿는다. (이에 관해서는 8장과 9장에서 더 자세히 다루게 될 것이다.)

친구가 제기하는 반대에 대해 완벽하게 답변할 수 없을지도 모르지만, 당신은 하나님이 완벽한 심판자라는 것을 확신한다. 하나님의 정직성, 긍휼하심, 공평하심은 미국변호사협회가 그리는 완벽한 인간 재판관의 이상적인 모형이라고 할 수 있다. 하나님은 세상의 모든 사람들을 사랑하시며, 그들을 열렬히 찾으신다. 심판의 때에 모든 사람들, 심지어 '그리스도'를 한 번도 들어 보지 못한 이들도 하나님이 옳은 일을 하셨다는 것을 인정하게 될 것이다(창 18:25). 그분께 불평할 이유가 전혀 없을 것이다.

결론

햄튼 코트의 미로 위에 서 있는 직원이 길을 잃은 여행자들이 미로를 빠져나올 수 있도록 안내하는 것처럼, 하나님은 우리가 그리스도를 통하여 미로를 빠져나올 수 있도록 이끌어 주신다. 그리스도는 우리를 안내하실 자격을 갖추신 유일한 분이시다.

그리스도는 우리의 죄를 위해 죽으시고 죽은 자 가운데서 다시 살아나셔서 인격과 사역을 확인시켜 주신 유일한 신-인(神-人)이시다. 그리고 바로 이 삼중적, 역사적 독특성 때문에 그리스도는 세상의 구

주요, 하나님과 인류 사이의 유일한 중보자가 되실 수 있다(딤전 2:5).
어떤 사람도 이런 자격을 갖추지 못했다. **10)**

다음 장에서는, 그리스도인들은 받아들이지만 회의주의자들은 의문시하는 한 가지 자격, 즉 부활에 대해서 살펴볼 것이다. 만약 예수님이 이 자격을 갖추셨다는 것이 사실이라면 예수님은 분명히 신앙의 미로에서 권위 있는 안내자가 될 수 있을 것이다.

더 읽어 볼 책

공일주, 『아브라함의 종교: 유대교, 기독교, 이슬람교』 (살림, 2004).

노오만 앤더슨, 『세계의 종교들』 (생명의말씀사 역간, 1985).

레슬리 뉴비긴, 『다원주의 사회에서의 복음』 (IVP 역간, 2007).

마크 A. 가브리엘, 『예수와 무함마드』 (지식과사랑사 역간, 2009).

알리스터 맥그라스, 『생명으로 인도하는 다리』 (서로사랑 역간, 2001).

티모디 R. 필립스 · 데니스 L. 옥콜름 편저, 『다원주의 논쟁』 (기독교
문서선교회 역간, 2001).

6장

부활이란 게 어디 있어? (1)

많은 사람들이 음모 이론을 좋아한다. 당신은 어떤가?

1999년 갤럽 조사에 따르면 미국인의 6퍼센트는 첫 번째 달 착륙이 실제로 일어난 일이 아니라고 믿었다고 한다. 대다수 미국인들이, 1947년에 미국 공군이 뉴멕시코 주 라즈월에서 미확인 비행물체를 발견했지만 이를 은폐했다고 믿는다. 어떤 미국인들은 연합군이 나치에 대항하는 선전 수단으로 가스실 사진을 비롯해서 홀로코스트를 조작한 것이라고 주장한다.

「그리스도 최후의 유혹」이나 「다빈치 코드」가 유행할 때, 사람들은 종교에 대해 회의적인 태도를 품기도 했다. 예수가 결혼을 했을까? 과연 스스로 하나님이라고 주장했을까? 교회는 뭔가를 숨기려 하는 게 아닐까? 어떤 이들은 이 모든 음모 이론이 그리스도의 부활 때문에 생겨난 것이라고 생각한다. 회의주의자들은, 예수님이 죽으신 후 죽은 자 가운데서 기적적으로 다시 살아났다는 이야기는 제자들이 지어낸 것이라고 주장한다. 정교하게 꾸며낸 거짓 이야기로부터 기독교 신앙이 생겨났다는 것이다.

이러한 도전에 대해서 우리는 어떻게 대답할 수 있을까?

부활에 대한 당신의 믿음에 대해 설명해 달라는 부탁을 받았을 때, 두 가지 증거를 제시할 수 있다. 그것은 곧 그리스도에 대한 당신의 개인적인 경험과 역사적인 증거이다.[1] 먼저, 당신의 친구에게 그리스도와의 개인적인 관계를 갖는다는 것이 어떤 의미인지 이야기해 주라. 어려움을 당하는 중에 그리스도의 평화를 느낀 경험이나 극적인 기도 응답을 받은 일에 대해 친구에게 말해 주라. 그리스도가 죽은 자 가운데서 다시 살아나셨다는 증거는 단순히 지적인 논증에 달려있는 것이 아니다. 그리스도인들은 날마다 그리스도의 평화와 사랑과 돌봄을 경험한다.

우리는 단지 개인적인 경험 때문에 그리스도의 부활을 믿는 것이 아니다. 우리가 부활을 믿는 것은 그것이 역사적인 사실과 일치하기 때문이기도 하다. 부활에 대한 도전을 주의 깊게 검토해 보면 그것은 설득력이 없다. 음모 이론은 재미있지만 증거를 제시하면 무너지고 만다. 아래에서는 부활에 대한 세 가지 도전에 대해서 살펴 볼 것이다.

부활에 대한 반대: 잘 짜인 거짓말

많은 사람들은 그리스도가 부활하셨다는 제자들의 주장을 거짓말이라고 거부한다. 정치인, 성직자, 운동선수, 대통령이 우리에게 거짓말을 하는 시대에 살고 있기 때문에 이러한 이의 제기는 이해할 만한 것이다. 우리는 진리에 싫증이 났을 뿐만 아니라, 거짓말을 알아차리는 데도 도가 텄다. 어떤 거짓말이 빈약하고 허술하게 만들어진 것이라면, 오늘날과 같은 회의주의적인 문화 속에서는 금세 거짓이 들통 날 수밖에 없다. 제자들이 거짓말을 했다면 그들의 거짓말은 효과적인 거짓말이 되기 위한 모든 요건을 갖추지 못했는데, 바로 이러한 점이, 부활이 조작된 거짓말이라는 주장이 안고 있는 문제점이다.

아래에서 우리는 효과적인 거짓말을 하기 위한 다섯 단계에 대해 이야기할 것이다. 친구에게 이것에 관해서 이야기할 때 제자들이 이 각각의 단계에서 실패했다는 사실을 분명히 말해 주라. 이를 통해서 제자들이 정말로 거짓말을 할 줄 모르는 사람들이었다는 것이 밝혀진다.

효과적인 거짓말을 하는 법(1단계): **당신에게 유리한 거짓말만 하라.** 당연한 말이다. 그렇지 않은가? 우리가 거짓말을 하는 이유는 어떤 이익이나 혜택을 얻기 위해서이다. 이것이 바로 프랭크 애버그네일이 젊어서 배우고 나이 들어서 완벽하게 익힌 교훈이었다.

「캐치 미 이프 유 캔」

(레오나르도 디카프리오가 연기한) 프랭크 애버그네일은 영화 「캐치 미 이프 유 캔」에 영감을 준 희대의 사기꾼이었다. 5년에 걸쳐 그는 4만 달러에 이르는 허위 수표를 발행하고 팬암사의 조종사로 변장하여 비행기를 공짜로 타고 다녔으며, 하버드 법대의 졸업장을 위조해 루이지애나 주 검찰청에서 직업을 얻기도 했다. 애버그네일이 저지른 가장 과감한 사기는 조지아 주의 한 병원에서 소아과 의사 흉내를 내며 야간 당직 의사 노릇을 한 것이었다. 인턴들에게 모든 의료 시술을 하게 함으로써 자신이 의학 지식이 부족한 것을 숨겼다. 정교한 사기

수법으로 애버그네일은 명성과 부, 인기까지 얻을 수 있었다.

애버그네일이 어떤 거짓말을 피하려고 했을지 생각해 보자. 참으로 흥미로울 것이다. 예를 들어, 애버그네일은 절대로 성범죄자인 척하려고 하지 않았을 것이다. 왜? 그런 거짓말은 그를 고립시키고, 조롱당하고, 비난을 받게 만들 것이기 때문이다. 그런 거짓말을 해서 좋을 것이 하나도 없다.

만약 효과적인 거짓말을 하는 첫 단계가 거짓말을 통해서 어떤 이익을 얻는 것이라면, 제자들은 거짓말을 통해서 무슨 이득을 얻었을까? 제자들은 그들의 거짓말로 이런 것들을 얻었다.

- 세베대의 아들 야고보: 참수형

- 빌립: 매를 맞고 투옥되어 십자가형을 당함

- 마태: 반은 도끼이고 반은 칼인 미늘창이라는 무기로 잔인하게 살해됨

- 안드레: 십자가형

- 마가: 몸이 갈기갈기 찢겨 죽음

- 바돌로매: 매를 맞고 십자가형을 당함

- 베드로: 십자가형

- 요한: 밧모 섬으로 유배됨[2]

말도 안 되는 일이라고 생각하지 않는가? 당신이라면 조롱, 고문, 죽음을 초래할 뿐인 거짓말을 위해서 목숨을 걸겠는가? 이런 생각이 얼마나 터무니없는 것인지를 보여주기 위해서 초대 교회의 역사가인 유세비우스는 그리스도가 죽으신 후 제자들이 모여 있던 때를 상상

해 보라고 한다. 한 제자가 다른 제자들에게 부활에 관한 거짓말을 하라고 설득하려고 한다. 유세비우스는 이런 식으로 말했을 것이라고 생각했다.

우리가 결코 보지 못했던 그리스도의 기적적인 부활과, 부활 후에 우리에게 나타나신 것에 관한 이야기를 꾸며냅시다. 그리고 그 거짓말을 무덤까지 가지고 갑시다! 아무것도 아닌 일을 위해 죽는 게 어떨까요? 아무 이유 없이 고문을 당하고 매를 맞는 걸 싫어할 이유가 없잖아요? 만방에 가서 그들의 제도를 전복하고 그들의 신을 부인합시다! 그리고 만약 우리가 아무도 설득하지 못한다면, 적어도 우리의 거짓 속임수에 대한 처벌을 받게 될 테니 그러면 우리는 만족을 얻게 될 것입니다.[3]

효과적인 거짓말을 하는 법(2단계): **구체적인 인명이나 지명을 말하지 말라.** 제자들은 거짓말의 가장 중요한 원칙을 깨뜨렸다. 그것은 인명이나 지명과 같은 구체적인 사항을 말하지 말라는 원칙이다. 만약 거짓말을 할 때 실제 사람이나 장소를 언급한다면, 거짓말이 들통 나기를 자처하는 것과 마찬가지다. 매릴리 존스는 힘든 경험을 통해서 이런 교훈을 얻을 수 있었다.

허위 이력서와 아리마대 요셉의 무덤

매사추세츠 공과대학교(MIT)는 미국 최고의 공대라고 할 수 있으며, 이 학교의 입시 경쟁률은 그야말로 살인적이다. 이 학교에 지원하는 학생의 92퍼센트는 미국 대학수학능력시험(SAT)의 수학 점수가 800

점 만점에 700점이 넘는다. MIT의 입학처장인 매릴리 존스는 입학 사정에서 가장 중요한 역할을 하는 사람이다. 매릴리 존스는 세 개의 학위를 가진 입학 사정 전문가이다. 아니, 존스가 그렇게 말했다. 하지만 실제로는 대학도 졸업하지 못했다.

존스의 가장 큰 실수는 이력서에다 유명 대학교 세 곳에서 학위를 받았다고 기재한 것이다. MIT 측에서 이에 대해 의혹을 가졌을 때, 짧은 전화 통화 세 번만 해보면 되었다. 두 학교에서는 매릴리 존스라는 이름을 들어 본 적이 없다고 말했고, 세 번째 학교에서는 몇 과목을 수강했지만 졸업한 적은 없다고 말했다. 존스는 파멸하고 말았다. MIT에서 직원에게 수여하는 최고의 상까지 받았지만 사임할 수밖에 없었다.[4]

예수의 부활에 대한 제자들의 증언이 거짓말이라면 제자들은 존스와 똑같이 핵심적인 세부사항을 너무 지나치게 묘사하는 실수를 했다고 할 수 있다. 어떻게 예수를 장사지냈는지 이야기하면서, 마가는 예수님이 아리마대 요셉이 마련한 무덤에 안치되셨다고 말했다.[5]

저물었을 때에 아리마대 사람 요셉이 와서 당돌히 빌라도에게 들어가 예수의 시체를 달라 하니 이 사람은 존경 받는 공회원이요 하나님의 나라를 기다리는 자라 …… 요셉이 세마포를 사서 예수를 내려다가 그것으로 싸서 바위 속에 판 무덤에 넣어 두고 돌을 굴려 무덤문에 놓으매(막 15:42-43, 46)

무엇이 잘못되었는지 알겠는가?

존스처럼 제자들은 설득력 있는 거짓말을 하는 2단계의 원리를 위반하였다. 거짓말의 중심에는 실제 인물인 아리마대 요셉이 있다. 요셉은 그냥 평범한 사람이 아니라 71명의 유력자들로 구성된 유대 최고 법정인 산헤드린의 회원이다. 요셉이 예수의 시신을 가지고 아무 일도 하지 않았다면, 요셉은 제자들의 이야기가 거짓이라는 것을 금세 확인해 줄 수 있을 것이다. 각 대학의 직원들이 존스의 이력서가 허위로 기재된 것임을 바로 확인시켜 주었던 것처럼. 더욱이 요셉이 예수의 장례를 치렀다면 예수의 무덤은 모든 사람들에게 알려졌을 것이다. 예수님이 죽은 자 가운데서 다시 살아나셨다는 제자들의 주장을 확인해 보고 싶다면 누구든지 그 무덤으로 가서 예수의 시신이 거기 있는지 없는지 살펴보면 될 것이다. 만약 제자들이 거짓말을 하고 있다면 예수의 시신은 아직 무덤 속에 있었을 것이다.

제자들은 아리마대 요셉의 이야기만 한 것이 아니다. 바울은 500명의 사람들이 부활하신 그리스도와 개인적으로 만났다고 주장함으로써 거짓말을 더 취약하게 만들고 있다(고전 15:6). 바울은 회의주의자들에게 이 사람들을 찾아가 이야기를 들어 보라고 도전하는 듯하다. 그렇다. 만약 그리스도의 부활이 거짓말이라면 이 500명 중에서 단 한 사람도 존재하지 않을 것이다! 바울의 대담한 거짓말은 금방 탄로 나고 말았을 것이다.

효과적인 거짓말을 하는 법(3단계): 당신의 거짓말을 뒷받침하는 신뢰할 만한 자료를 찾으라. 누군가를 설득하여 당신의 거짓말을 지지하게 만들 수 있다면 그 거짓말은 더 믿을 만한 것처럼 보일 것이다. 그러나 누군가에게 당신의 이야기를 지지해 달라고 부탁할 때 그 사람은 반드시 신뢰할 만한 사람이어야 한다. 사기 전과범이나 창녀, 마약 중개상, 이미 거짓말쟁이로 알려진 사람들은 신뢰를 얻는 데 아무런 도움이 되지 못한다. 그러나 수녀, 경찰관, 교사는 신뢰도가 높다. 신뢰도가 낮은 사람에게 당신의 거짓말을 뒷받침하게 하는 것은 그 거짓말의 힘을 약화시킬 뿐이다.

「앵무새 죽이기」와 여인들의 증언

1960년에 출판된 책을 원작으로 한 1962년 영화 「앵무새 죽이기」에서 애티커스 핀치는, 대공황 시대에, 인종차별이 심한 남부에서 백인 여성을 강간한 혐의로 고발된 흑인 남성을 변호하는 변호사였다. 이 성폭행 사건에 대한 증인이 아무도 없었기 때문에 남자의 주장과 여자의 주장이 엇갈리는 전형적인 사건이 된 것이다. 핀치는 남자가 무죄라고 생각하며 열정적으로 변호했지만 백인으로만 구성된 배심원단에서는 유죄를 선고할 것이 확실했다. 왜? 인종주의자들인 배심원들 열두 명은 교육을 받지 못한 흑인 남자인 피고의 말을 믿지 않을 것이기 때문이다. 인종주의자인 배심원들은 피고의 피부색을 보는 즉시 그가 거짓말을 하고 있다고 생각했을 것이기 때문이다.

제자들이 예수님의 부활에 관해 거짓말을 하고자 했다면 다른 이들로 하여금 이 거짓말을 지지하도록 하는 편이 지혜로웠을 것이다. 그런 점에서 볼 때, 여인들을 부활에 대한 첫 증인으로 삼은 것은 치명적인 실수였다. 1세기 팔레스타인에서 여성들은 핀치의 의뢰인보다 훨씬 신뢰도가 낮았다. 1세기 랍비들의 대다수는 여성에게 율법을 가르치느니 율법책을 불태워 버리는 것이 더 낫다고 가르쳤다. "아들을 둔 사람은 복을 받겠지만 딸을 둔 사람에게는 화가 있을 것이다"라는 유명한 속담이 있을 정도였다. 여인 한 사람의 증언은 무가치한 것으로 간주되었고 유대 법정에서 사용될 수도 없었다. 그런데 제자들의 거짓말에서 부활의 첫 증인은 여자들이었다. 핀치의 의뢰인처럼 이 여인들의 증언은 매우 의심스러운 것으로 간주되었을 것이다. 성경을 기록한 자들이 부활의 첫 증인이 여자들이었다고 주장할 수 있는 유일한 이유는 그 여자들이 실제로 첫 번째 증인이라는 것이다. 제자들은 평생 동안 이 점에 대해 당혹스러워하며 살 수밖에 없었을 것이다.

효과적인 거짓말을 하는 법(4단계): **성가시게 사실을 확인하려는 사람들에 대해 미리 대비하라.** 거짓말을 할 때 당신의 거짓말을 폭로하고 싶어 하는 사람들로부터 스스로 보호하기 위해 꼼꼼히 준비하라. 우리 모두에게는 (이유가 어떠하든) 우리를 실패하게 하고 진실을 밝혀내려는 사람들이 있다. 다른 사람들이 당신의 거짓말을 폭로할 수도 있다는 점을 고려하지 않고 거짓말을 생각해 낸다면 실패를 자초하게 될 것이다. 제임스 프레이라는 작가에게 물어보라.

백만 개의 작은 거짓말들

제임스 프레이는 약물 중독에 관한 자신의 소설 『백만 개의 작은 조각들』을 출판하기가 어렵다는 것을 알게 되었다. 수없이 거절당한 후에 프레이는 자신의 소설을 중독과 싸움한 자전적인 회고록으로 바꾸었다. 마취제 없이 치아 신경 치료를 받은 사건, 술에 취해 오하이오 경찰관을 때리고, 말리는 경찰관들과 싸움을 벌인 사건, 그 후에 석 달간 교도소에서 지낸 일을 감동적인 필치로 묘사했다. 프레이는 교도소가 끔찍하지만 약에 취하지 않고 지낼 수 있는 곳이었다고 말한다.

독자들은 중독과 재활에 대한 너무나도 솔직한 이야기에 열렬한 반응을 보냈다. 프레이는 오프라 윈프리와의 텔레비전 인터뷰를 통해서 "나는 이 책에 나온 사건들을 진실하게, 정직하게, 정확하게 묘사했습니다"라고 말했다.[6] 오프라의 추천으로 이 책은 350만 권이 팔렸으며 「뉴욕타임즈」의 베스트셀러 순위 논픽션 부문에 15주 동안 머물러 있었다.

제임스 프레이의 계략은, 스모킹 건(The Smoking Gun)이라는 웹사이트만 없었다면 성공했을 것이다. 이 웹사이트는 대중에게 각광을 받는 이들이 숨기려고 하는 거짓말과 당혹스러운 사실을 폭로하는 사이트이다. 6주간의 조사 끝에 그들은 프레이의 기이한 주장 대부분이 거짓이었음을 밝혀냈다. 법정 기록에서는 프레이가 석 달간 교도소에 수감된 것이 아니라 경범죄로 세 시간 구류되었다고 나와 있었다. 술에 취해 경찰관들과 싸운 사건에 대해 프레이는 치명적인 무기에 의한 폭행, 공무 집행 중인 경관에 대한 폭행, 중죄 음주 운전, 중죄 신체 상해 등으로 고발되었다고 주장했지만 어느 법정에서도 이런 기록을 확인할 수 없었다. 한 검사는 "중죄 신체 상해라는 죄목은 실제로 존재하지도 않는다"라고 말했다.[7]

프레이처럼 제자들에게도 그들에 대해 조사하고 보도하는 사람들이 있었다. 제자들에 대해 반대했던 이들은 예수의 부활에 대한 모든 기이한 주장에 대해서 걸고 넘어졌을 것이다. 프레이의 상황과 제자들의 상황 사이에는 한 가지 중요한 차이점이 있다. 스모킹 건에서 일하는 보도자들은 제임스 프레이에 대한 어떠한 개인적인 감정도 없었다.

사실을 들추어내고 모든 것을 확인해 보는 것이 그들의 일일 뿐이다. 만약 뒤져 봐도 아무것도 나오지 않으면 또 다른 유명 인사를 조사하면 되는 것이다. 이와 반대로 유대교 지도자들은 처음부터 제자들의 주장을 반박해야만 할 이유가 있었다. 부활 이야기는 그들의 뿌리 깊은 종교적인 신념과 모순될 뿐 아니라 그들의 사회적, 종교적, 정치적 권력을 약화시켰다. 그들은 예수의 부활이 거짓이라는 것을 밝혀내기 위해서라면 어떤 희생도 기꺼이 감수하려 했을 것이다.

효과적인 거짓말을 하는 법(5단계): 거짓말이 탄로 나려 한다면 당신의 목숨이라도 구하라. 위의 모든 단계를 주의 깊게 따른다 해도 당신의 거짓말이 발각될 가능성이 있다. 상황이 나빠지면 다른 사람에게 책임을 돌리거나 거짓 정보를 제공하여 당신에게 닥칠 피해를 최소화하라. 가능하면 발뺌하고 다른 이에게 책임을 돌리라.

「범죄 전담반」

1990년 9월 13일에 처음 방송이 시작된 「범죄 전담반」은 미국 텔레비전에서 가장 오랫동안 방영된 범죄물이다(600개의 에피소드가 있다). 각 에피소드는 유명한 소개말로 시작된다. "형사사법제도에는 두 개의 분리된, 하지만 똑같이 중요한 조직이 있다. 범죄를 조사하는 경찰과 범죄자들을 기소하는 경찰이다. 이것은 그들의 이야기이다."

뉴욕에서 촬영한 이 드라마는 두 가지 다른 관점, 형사의 관점과 검사의 관점에서 범죄를 다루는 두 부분으로 나뉜다. 첫 번째 부분에서는 형사들이 용의자들을 쫓는다. 다수의 용의자가 존재하는 사건의 경우에는 언제나 용의자 심문이라는 중요한 순간이 찾아온다.

당신이라면 어떻게 용의자에게서 자백을 받아 내겠는가? 당신은 무언가를 숨기려고 하는 사람에게서 어떻게 이야기를 이끌어 내겠는가? 용의자들을 따로 각각의 방에 집어넣고 형사를 한 명씩 들여보낸다. 형사는 다음과 같이 질문한다.

> 자, 잘 들어. 정확히 무슨 일이 있었는지 이야기해 주면 검사한테 얘기해서 감형 받게 해보겠다. 지금 바로 얘기하는 게 좋을 거야. 지금 옆방에서 당신 친구도 똑같은 제안을 받고 있다고. 누구든지 **먼저** 이야기하는 사람이 감형을 받겠지. 누가 감형을 받게 되든 나는 상관없다. 할 말 있나?

> 대부분의 경우 용의자는 이 제안을 받아들이고 공범에게 책임을 돌린다. 어떻게든 자기를 지키고자 하는 마음에서 제안을 받아들이는 것이다.

제자들에 관해 흥미로운 사실은 아무도 감형을 받으려 하지 않았다는 것이다. 고문을 당하고 십자가형이나 투옥을 당하면서도 제자들은 단 한 번도 다른 사람들에게 등을 돌리지 않았다. 마지막 순간에도 부활이 거짓말이었다고 고백하거나 공개적으로 선언하지 않았다. 당신이라면 탄로 날 거짓말에 대해 이렇게 목숨을 걸겠는가? 만약 그것이 거짓말이었다면, 목숨을 살려주거나 고문을 멈추겠다는 제안을 받았을 때 거짓말이었다고 말하고 감형을 받아들이지 않았겠는가?

다음 장에서 우리는 부활에 대한 최근의 공격에 대해 살펴볼 것이

다. 그것은 최근에 점점 더 널리 받아들여지는 이론으로서, 많은 이들
이 이 때문에 예수님이 죽은 자 가운데서 다시 살아나셨다는 믿음을
저버리기도 한다.

7장
부활이란 게 어디 있어? (2)

진보적인 시각에서 역사적 예수를 탐구하는 예수 세미나(Jesus Seminar)로부터 부활을 부인하는 교수들에 이르기까지 현재 부활 이야기를 공격하는 이들은 부활이 전설일 뿐이라고 주장한다. 그들은 예수가, 단지 자선을 베풀려 변두리를 돌아다니고 사람들을 돌보던 사회 활동가였다고 생각한다. 예수가 권력자들을 성가시게 한 후, 예수의 삶은 30대 중반에 비극적으로 끝나고 만다. 예수가 죽은 후 그를 따르던 이들은 그에 대한 이야기를 하고 또 하면서 예수의 메시지가 계속 살아남게 하려고 노력했다. 예수의 행동을 다른 이들에게 이야기하면 할수록 예수는 점점 더 신적인 성격을 띠게 된다. 예수를 따르던 이들의 마음에 사회 활동가로 남아 있던 예수는 스스로 하나님의 아들이라고 주장했을 뿐만 아니라, 죽은 자 가운데서 다시 살아남으로써 죽음을 정복하고 승리하신 기적을 행하신 분으로 변화된다.

그럴듯한 이론이다. 그렇지 않은가? 결국 우리는 모두 이야기를 하다 보면 그 이야기에 지나치게 몰입하게 되고 없던 내용을 보태기도 하고 더 흥미진진하게 윤색하기도 하지 않는가?

우리의 신앙에 핵심이 되는 믿음에 관한 이런 까다로운 주장에 대해 우리는 어떻게 대응해야 할까?

전설 이론이 거부되어야 하는 이유

아래에서 우리는 부활 이야기를 전설로 보는 이론이 사실과 부합하지 않는다는 것을 보여 주는 세 가지 논증을 살펴볼 것이다. 각각의 논증은 친구나 직장 동료와 대화를 나눌 수 있는 주제가 될 것이다.

논증 1: 예수에 대한 성경의 이야기는 형식적으로 전설과 유사하지 않다. 전설은 세부 사항에 대해서는 짧게 묘사하고 극적인 사건에 대해서는 길게 이야기한다. 전설에서는 등장인물 자체가 그의 삶보다 더 중요하다. 주인공은 극적인 방식으로 행동하고 이야기를 주도한다. 부활에 대한 전설적인 설명과 성경 기자들의 설명을 비교해 보면, 부활에 대한 복음서의 설명에는 전설의 요소가 없다는 것을 분명히 알 수 있다.

말하는 십자가와 신비한 거인에 대한 이야기

다음은 2세기에 기록된 이른바 베드로복음에 대한 요약이다.

이 이야기에서는 로마 군인들뿐만 아니라 유대의 바리새인들과 장로들, 그리고 부활을 지켜보기 위해 전국에서 몰려든 엄청나게 많은 사람들이 예수의 무덤을 둘러쌌다고 말한다. 밤중에 갑자기 하늘에

 이렇게 답하라 예화로 풀어보는 기독교 변증

서 큰 목소리가 들렸고 두 남자가 하늘에서 무덤으로 내려왔다. 무덤 문을 막고 있던 돌은 저절로 굴러갔고 그들은 무덤 안으로 들어갔다. 그런 다음 세 남자가 무덤에서 나왔는데, 그 중에서 두 명이 세 번째 남자를 붙잡고 있었다. 두 남자의 머리는 구름 속에 닿을 정도였지만, 세 번째 남자의 머리는 구름 위로 올라갈 정도였다. 그런 다음 무덤에서 십자가가 나타났으며 하늘에서 목소리가 들렸다. "너는 잠자고 있는 이들에게 말씀을 전했느냐?" 그러자 십자가가 "예"라고 대답했다.[1]

전설은 이런 모습이다. 전설은 실제보다 크게 과장하고, 눈으로 직접 목격한 이야기에 필요한 세부 사항을 결여한다. 머리가 구름까지 닿는 거인들이나 말하는 십자가는 전설에서 흔히 볼 수 있는 그런 극적인 요소라고 할 수 있다. 복음서의 설명에서는 바로 이런 요소가 빠져 있다.

방금 읽은 것과 대조적으로, 부활에 관한 복음서의 설명에는 부활 사건과 연관된, 그리고 그와 무관한 세부 사항들로 넘쳐난다. 우리는 부활에 관한 요한복음의 설명(요 20:1-8) 속에서 엄청난 양의 세부 사항들을 발견할 수 있다. 처음 4개의 절에서 요한은 이렇게 말한다.

"안식 후 첫날 일찍이 아직 어두울 때에 막달라 마리아가 무덤에 와서 돌이 무덤에서 옮겨진 것을 보고 시몬 베드로와 예수께서 사랑하시던 그 다른 제자에게 달려가서 말하되 사람들이 주님을 무덤에서 가져다가 어디 두었는지 우리가 알지 못하겠다 하니 베드로와 그 다른 제자가 나가서 무덤으로 갈새 둘이 같이 달음질하더니 그 다른

여기에서 우리는 다음과 같은 세부 사항을 발견할 수 있다.

- 요일(안식 후 첫 날)

- 하루 중의 시간(아직 어두울 때에)

- 사건에 연루된 구체적인 사람들(막달라 마리아, 시몬 베드로, 요한)

- 무덤으로 달려갈 때 베드로가 두 번째로 도착함2)

복음서 기자들이 사건과 직접 관련이 없는 것처럼 보이는 세부 사항을 기록해 둔 것은 그런 세부 사항이 실제로 일어난 일의 일부였기 때문이다. 기독교 공동체의 지도자들은 초대 교회의 그리스도인들에게 그리스도의 기적과 부활이 신화나 전설이 아니라는 확신을 심어 주기 위해 노력했다. 베드로는 "우리 주 예수 그리스도의 능력과 강림하심을 너희에게 알게 한 것이 교묘히 만든 이야기를 따른 것이 아니요 우리는 그의 크신 위엄을 친히 본 자라"(벧후 1:16)라고 말했다.

논증 2: 복음서에는 당황스러운 사실들이 포함되어 있다. 역사가들은 어떤 문서 자료가 위조된 것인지를 판정하고 싶을 때 그 문서 안에 자신에게 불리한 진술이 들어있는지를 살펴본다. 어떤 문서가 이따금씩 주요한 등장인물을 부정적으로 묘사하고 있다면, 그 문서를 기록한 이들이 등장인물의 이미지를 지켜내기 위해서가 아니라 진실을 기록하기 위한 목적에서 그런 기록을 남겼다고 볼 수 있다는 말이다. 역사적인 기록을 남기는 이들은 책의 주인공들에 대한 나쁜 인상을 남길 수 있는 당황스러운 세부 사항을 빼버리는 경향이 있다.

우리는 우리의 영웅들이 흠이나 잘못이 없는, 실제보다 더 위대한 인물이기를 원하는 때가 많다. 알라모 요새를 연구한 두 역사가들이 최근에 이러한 경향을 다시 한 번 증명하였는데, 이들은 사람들이 전설에 관한 시시콜콜한 세부 사항을 알고 싶어 하지 않는다는 사실을 발견했다.

알라모 요새와 신약 문서들

알라모 요새의 이야기는 잘 알려져 있다. 5천 명의 멕시코인들이 알라모 요새를 포위했을 때, 제임스 보위와 윌리엄 트래비스, 데이비 크라킷이 이끄는 텍사스의 자유 투사들 185명이 요새를 지키고 있었다. 이들 텍사스 주민들은 포위당했지만 굴복하지 않았다. 항복하라는 요구에 트래비스는 "승리가 아니면 죽음을!"이라고 외쳤다. 일련의 거센 공격에 트래비스, 보위, 크라킷과 다른 모든 사람들이 용맹하게 맞서 싸우다 죽었다. 모든 텍사스 주민들은 나이를 막론하고 알라모 요새를 지켜 낸 이들의 용기를 소중하게 기억하였다.

그런데 과연 이것이 진실일까?

두 역사학자들은 이들을 실제보다 더 위대한 전설로 만드는 것은 그들의 진정한 인간적인 면모를 가리는 것일 뿐이라고 주장한다. 그들을 진짜 인간이 아니라 만화 주인공처럼 만들어 버리는 것이라고 말이다.

역사가 댄 킬고어는 자신의 책 『데이비는 어떻게 죽었는가?』에서 크라킷이 알라모 요새에서 생포되어 멕시코 군대에 총살을 당했다고 주장한다. 킬고어는 자신이, 머스킷 총을 흔들며 내려오는 크라킷을 기억하는 사람들에게 남은 인상을 망쳐 놓는다는 것을 알았다. 포위를 당했을 때 다른 모든 이들이 죽었던 반면 크라킷만 생포되었다는 사실은 그의 나약함과 결점을 드러내는 것과 마찬가지라고 사람들은 생각한다. 킬고어는 자신의 견해를 밝힌 대가를 톡톡히 치렀다.

킬고어는 살해 협박을 받았고, 서점에서는 이 책의 표지가 찢기는 것을 막기 위해 책을 봉인해야 했다.[3] 분명히 사람들은 "텍사스를 망치지 말라"라고 하면서 그 주의 영웅을 망치지 말 것을 요구했던 것이다.

제프 롱은 한술 더 떠서, 윌리엄 트래비스는 매독에 걸린 난봉꾼이었고, 샘 휴스턴은 알코올 중독자였으며, 짐 보위는 빚쟁이에 쫓기던 사람이었다고 주장했다.[4] 롱의 견해 역시 격렬한 공격을 받았다. 이런 주장이 텍사스 주민들에게 새로운 것이었기 때문이 아니었다. 주민들은 그런 사실이 공개적으로 거론되지 않기를 바랐던 것이다. 알라모 요새의 역사에 대해서 이야기하면서 대부분의 텍사스 주민들은 자기들의 주가 미국 최대의 주라는 사실을 자랑하기보다 완전무결한 영웅을 가지고 있다는 사실을 자랑하고 싶었던 것이다.

신약 성경의 저자들도 텍사스 주민들과 똑같은 유혹을 느꼈을 것임은 두말할 나위가 없다. 초대 교회의 그리스도인들은 해가 지날 때마다 이제 막 시작된 초대 교회 운동의 역사를 다시 써내려갈 때 분명히 자신들을 가장 긍정적인 모습으로 그리고 싶은 마음이 들었을 것이다. 스스로 위험에 직면해서도 눈 하나 깜짝하지 않으며 굳은 의지로 세상을 뒤엎었던 그리스도의 제자들로 묘사하고 싶었을 것이다. 그러나 우리는 복음서에서 그들의 인간적인 결점과 실패를 무수히 발견하게 된다. 다음은 그 중의 일부일 뿐이다.

- 교회의 주요 지도자 중 한 사람이었던 베드로는 예수님에게 "사탄"이라는 소리를 들었다(막 8:33). 설상가상으로, 베드로는 예수님을

절대로 버리지 않겠다고 약속한 후에 그분을 세 차례나 부인하였다
(마 26:33-35, 69-75).

- 제자들은 그리스도가 잡히시고 십자가에 달리셨을 때 뿔뿔이 흩어
져 버린 겁쟁이로 그려진다.

- 막달라 마리아와 요안나, 야고보의 모친 마리아, 그리고 다른 여자
들 몇몇이 예수의 무덤이 비어 있는 것을 발견하고 슬픔에 잠긴 제
자들에게 알렸지만 제자들은 여자들의 말이 어처구니없는 이야기라
고 생각했다(눅 24:1-11).

- 예수님이 괴로운 마음으로 제자들에게 깨어서 기도하라고 하셨을
때 제자들은 그 말씀을 듣고도 잠에 빠져 버렸다(막 14:32-41).

더욱 놀라운 사실은, 복음서 기자들이 자신들이 벌이고 있는 운동의
기초를 놓으신 분에 관한 당혹스러운 세부 사항까지 그대로 기록하였
다는 점이다. 예수에 관해서 가장 당혹스러운 사실은 그분이 죽으신
방식, 즉 십자가형이었다. 주후 1세기의 유대인들은 누구든지 십자가
형을 당한 사람은 하나님에게 저주를 받았다고 믿었다(신 21:22-23). 예
수 시대의 유대인들은 메시아가 십자가형을 당한 목수가 아니라 유대
인의 적과 싸워 이길 정복왕으로 오실 것이라고 기대하였다!

자, 만약 당신이 기독교 운동의 역사를 기록하고 다시 기록했다면,
당혹스러운 세부 사항을 지워버리지 않았겠는가? 복음서 기자들은 이
러한 당혹스러운 사실들을 없애 버리지 않았다. 그들은 전설을 만들어
내는 것이 아니라 역사를 기록하고 있었기 때문이다.

논증 3: 전설이 역사적인 사실을 대체할 만한 충분한 시간이 없었다.
대부분의 사람들은 성경에 관해서 학자들이 가장 자주 벌이는 논쟁이

성경의 기록 연대에 관한 것임을 모르고 있다. 초대 교회 그리스도인들의 증언에서는, 복음서와 사도행전과 바울서신이 모두 그리스도가 돌아가신 후 얼마 되지 않아 기록되었다고 일관되게 주장한다. 왜 이점이 중요한 것일까? 만약 이 책들과 서신들이 그리스도의 죽음 이후 두 세대 이내에 기록된 것이라면 성경 안으로 전설이 가지고 있는 특성들이 잠입해 들어오는 것이 불가능했을 것이기 때문이다.

왜 굳이 두 세대인가? 서윈-화이트는 전설이 역사적 사실을 대체하기 위해서는 적어도 두 세대가 걸린다고 주장했다. 그러나 이 주장이 어떤 사람에게 설득력 있는 것이 되려면 먼저 서윈-화이트의 신뢰도를 증명해 보여야 한다.

서윈-화이트는 옥스퍼드 대학의 역사가로서 권위 있는 영국 학사원(British Academy)의 회원이다. 1902년에 설립된 영국 학사원은 인문학과 사회과학 분야에서 최고의 학자들만 회원으로 받아들인다. 이 학회에 가입하고 싶다면 자신이 특정한 분야의 전문가임을 입증해야만 한다. 다시 말해서 자신이 전문가임을 입증해 줄 만한 책을 한두 권 쓴 사람이어야 한다. 서윈-화이트는 로마사의 전문가였다. 이 주제에 관해 쓴 책도 여섯 권이나 된다. 서윈-화이트는 자신의 가장 유명한 책인 『신약 성경에 나타난 로마 사회와 로마법』에서 전설이 발전해서 역사적 사실을 대체하는 데에 얼마나 긴 시간이 필요한지를 증명한다. 많은 경우, 전설이 역사적 사실을 대체하는 데는 두 세대라는 시간도 너무 짧다고 주장한다.

이것은 놀라운 소식이다! 만약 마태복음, 마가복음, 누가복음이 그리스도가 돌아가신 지 두 세대 이내에 쓰인 것이라면, 서윈-화이트의 전문가적 소견에 비추어 볼 때 이 복음서들이 전설일 가능성은 극히

 이렇게 답하라 예화로 풀어보는 기독교 변증

희박한 셈이다. 이 책들의 기록 연대를 어떻게 추정할 수 있을까? 핵심은 사도행전이 언제 기록되었는지를 확정하는 것이다. 왜 사도행전의 기록 연대가 중요한가? 거의 모든 학자들이 (공관복음이라고 알려진) 마태복음, 마가복음, 누가복음이 사도행전이 쓰이기 **전에** 기록되었다는 데에 동의하기 때문이다.[5] 그러므로 이 세 책은 사도행전보다 기록 연대가 늦을 수는 없는 것이다.

사도행전의 기록 연대

대부분의 보수적인 신약학자들은 사도행전이 주후 60년에서 62년경에 기록되었다고 주장한다.[6] 흥미롭게도 이러한 주장은 대체로 사도행전이 무엇에 관해서 말하지 **않는가**에 근거를 두고 있다. 사도행전의 저자로 받아들여지는 누가는 놀랍게도 두 가지 핵심적인 사건, 즉 예루살렘의 함락과 사도 바울의 죽음에 대해 언급하지 않았다.

다음 예화를 소개함으로써 이런 중요한 사건을 누락하는 것이 어느 정도로 있을 수 없는 일인지를 설명할 수 있을 것이다.

세계무역센터의 짧은 역사

당신이 뉴욕시의 상징이라고 할 수 있는 건물인 세계무역센터의 역사를 기록한다고 상상해 보라.[7] 세계무역센터는 일곱 개의 건물로 구성되어 있지만, 가장 눈에 띄는 건물은 각각 110층으로 이루어진 쌍둥이 타워이다. 당신은 이 쌍둥이 건물에서 5만 명이 일을 하고 매일 20만 명의 방문객이 들른다는 흥미로운 사실을 포함시킬 것이다.

이 쌍둥이 타워는 너무나도 커서 '10048'이라는 우편번호가 따로 있을 정도이다. 이러한 사실로 당신의 역사는 끝을 맺는다.

어떤 사람이 당신이 쓴 세계무역센터의 역사를 읽는다면, 당신이 이 역사를 언제 썼다는 결론을 내리게 될까? 당연히 2001년 9월 11일 이전에 기록된 것이라는 결론을 내릴 것이다. 왜? 납치된 비행기 두 대의 공격을 받아 쌍둥이 타워가 파괴된 사건에 대해서 전혀 언급하지 않았기 때문이다. 미국이 당한 최악의 테러 공격에 관해서, 혹은 그 결과로 목숨을 잃은 3천 명의 사람들에 관해서 아무런 말도 하지 않았다. 9·11 이후에 쌍둥이 타워의 역사를 기록하면서 이 건물이 파괴된 것에 대해 언급하지 않는다는 것은 말도 안 되는 일이다.

예루살렘의 파괴와 사도행전의 경우도 마찬가지이다.

사도행전을 통틀어서 저자인 누가는 예루살렘에서 일어난 일에 주의를 기울인다. 모든 경건한 유대인은 예루살렘을 종교적인 헌신과 민족적인 자존심의 상징으로 보았다. 무엇보다도 예루살렘은 성전이 있는 곳이다.

하지만 누가는 주후 70년 예루살렘이 로마인들에게 함락된 사건을 언급하지 않았다. 단 한 차례도. 노먼 가이슬러는 예루살렘 함락은 쌍둥이 타워의 파괴와 9·11 재난보다 더 엄청난 사건이었음을 지적한다. 유대인들은 "온 나라와 수도, 그리고 수천 년 동안 자신들의 종교적, 정치적, 경제적 삶의 중심이었던 성전"을 잃어버렸다.[8] 9월 11일 테러 공격으로 3천 명이 비극적으로 목숨을 잃었다. 예루살렘이 정복되었을 때, 1만 명의 유대인들이 죽었다. 누가가 사도행전을 탈고할 때, 예루살렘과 성전이 여전히 서 있었던 것이다.

사도행전의 마지막 부분에서도 성전이 그대로 남아 있었다는 사실은, 누가가 예수의 말의 신뢰성을 증명할 절호의 기회를 그냥 지나쳤다는 점 때문에 더욱 주목할 만하다. 누가복음에서 저자는 예루살렘의 멸망에 관한 예수의 논쟁적인 예언을 기록하였다(눅 21:20-24). 더욱 인상적인 것은, 누가와 마태가 이 사건이 언제 일어날지에 관해서도 언급하였다는 사실이다. 누가복음 21장 32절에서 예수님은 이 세대가 지나가기 전에 이 모든 일이 이루어질 것이라고 예언하신다. 예수님은 주후 30년에 죽으셨을 것이다. 예루살렘이 주후 70년에 파괴되었으므로 이 예언은 적중한 것이다. 사도행전이 예루살렘 함락 후에 기록되었다면, 누가는 예수의 예언이 성취되었음을 강조했을 것이다.

또한 사도행전이 바울이 죽은 해인 주후 62년 이전에 기록되었을 것이라고 주장하는 것도 가능한 일이다. 사도행전에서 누가는 기독교 공동체의 주요 지도자 중 하나였던 사도 바울의 죽음에 대해 언급하지 않기 때문이다. 당신의 친구에게 미국의 남북전쟁에서 링컨의 역할이 얼마나 컸는지를 지적함으로써 누가가 바울의 죽음을 언급하지 않은 것이 얼마나 특이한 것인지 설명해 주라.

링컨과 남북전쟁

당신은 곰팡내 나는 박물관 후실에 있는 남북전쟁 관련 자료 더미 속에서 오래된 소책자 하나를 발견한다. 이 소책자는 미국의 남북전쟁에서 에이브러햄 링컨의 역할에 관한 책이다. 이 책자는 1861년 3월 4일 링컨의 취임식으로부터 시작된다. 이 책은 실로(Shiloh) 전투와 앤티텀(Antietam) 전투, 프레데릭스버그(Fredericksburg) 전투, 챈설러즈빌(Chancellorsville) 전투, 게티스버그(Gettysburg) 전투 등을 비롯하여 매우 치열했던 전투에서 링컨이 어떻게 대처했는지 이야기해 준다. 링컨의 게티스버그 연설을 특히 강조하면서, 역사상 가장 중요한 연설 중의 하나라고 말한다. 이 소책자는, 국민들에게 서로 용서하고 미래를 향해 나아가자고 말했던 링컨의 마지막 연설(1865년 4월 11일)로 끝을 맺는다.

이 소책자를 읽은 다음 당신은 이 책이 언제 쓰인 것이라고 생각하게 될까? 분명히 이 책에서는 링컨의 암살이 빠져있으므로, 링컨이 포드 극장에서 총격으로 살해된 1865년 4월 14일 이전에 기록되었을 가능성이 매우 높다. 남북전쟁의 역사를 다루면서 미국 대통령 최초의 암살 사건을 상세히 설명하지 않고 끝을 맺을 수는 없기 때문이다.

바울의 죽음에 대해 언급하지 않는 누가의 경우도 이와 마찬가지이다. 바울은 이제 막 시작된 기독교 공동체의 핵심 지도자였다. 역사가로서 누가는 바울이 매를 맞고 붙잡히고 그가 탄 배가 난파당한 일을 세심하게 기록했다. 실제로 사도행전의 절반은 바울에게 초점을 맞춘다. 그러나 사도행전이 끝을 맺을 때 바울은 아직 살아 있었고 가택 연금 상태에 있었다. 누가가 주후 62년에 일어난 바울의 죽음을 기록하지 않은 것은 사도행전이 바울의 죽음 **이전에** 기록되었기 때문이라는 추측은 합당하다. 그렇다면 사도행전의 기록 연대는 예수의 죽음 이후 30년 이내가 된다. 이것은 서원-화이트가 주장한, 전설이 역사적 사실을 대체하기 위한 최소한의 시간에 훨씬 못 미치는 시간이다! 그러므로 2부로 구성된 책의 1부에 해당하는 누가복음이 사도행전보다 먼저, 아마도 그리스도의 죽음 이후 겨우 28년이 지난 때인 주후 58년경에 기록되었다고 볼 수 있다.

　　　　　이렇게 답하라 예화로 풀어보는 기독교 변증

부활절 신앙: 사실보다는 영감

역사적 연대와 전설 대 사실, 복음서 기자들의 진실성 등에 관한 설명을 들은 후에, 친구는 당신이 말한 것 중에 정말로 중요한 것이 없다고 주장할지도 모른다. 당신의 친구는 예수의 이야기가 역사적으로 정확한지 아닌지보다는 예수의 **이야기** 자체가 더 중요하다고 말할 것이다. 만약 예수님이 싸우시고 승리하신 이야기가 누군가에게 소망이나 용기나 용서 받았다는 느낌을 준다면 그분이 하나님인지 아닌지, 혹은 그분이 실제로 죽은 자 가운데서 다시 살아나셨는지 아닌지가 뭐 그리 중요하겠는가?

이것이 오프라 윈프리가 제임스 프레이의 책에 대해서 가지고 있던 태도였다. 프레이의 책이 묘사하는 사실에 대한 비판이 제기되었을 때, 오프라는 이 책의 정신을 변호했다. 이 책의 "기저에 있는 메시지는" 당신도 중독을 극복하고 새로운 삶을 살 수 있다는 말이라고 오프라는 주장했다. 만약 일부 사실이 윤색되었거나 거짓이라도 그게 뭐 그리 중요하겠는가?[9]

흥미로운 생각이다. 그렇지 않은가? 설령 어떤 이야기가 거짓이어도 여전히 그 이야기가 당신에게 위로나 희망을 가져다 줄 수 있을까?

「트루먼 쇼」

트루먼(짐 캐리 분)은 씨헤이븐이라는 작은 마을에서 살고 있다. 트루먼에게는 사랑스러운 아내와 좋은 친구가 있고, 이웃 사람들도 트루먼에게 친절하다. 매일이 완벽하다. 트루먼의 삶은 마치 각본에 짜인 것처럼, 이보다 더 좋을 수는 없다. 이것이 문제였다. 씨헤이븐은 트루먼의 삶을 전 세계로 방송하는 텔레비전 제작자들이 만들어 낸 허구의 세계였으며, 트루먼만 이를 몰랐다. 트루먼의 사랑스러운 아내는 여배우였다. 가장 친한 친구는 감독인 크리스토프가 하라는 말만 할 뿐이다. 트루먼이 자신이 살고 있는 세상에 대해 의심하기 시작했을 때, 트루먼의 가장 친한 친구는 그를 안심시키며 트루먼이 터무니없는 의심을 하는 것이라고 말한다. 친구는 작은 이어폰을 통해서 전해지는 대로 "나는 너한테 절대로 거짓말 안 해"라는 말을 되풀이한다.

트루먼의 행복, 결혼, 삶은 거짓말 위에 구축된 것이다. 그러나 트루먼이 행복하다면 그게 뭐 그리 중요하겠는가?

물리학 전문가 해리

해리는 대학교에 다니는, 정말이지 멍청한 물리학과 학생이다. 해리는 첫 학기 모든 과목에서 낙제했다. 해리의 수학 실력은 5학년 수준에다 과학에는 도무지 소질이 없다. 어느 날 이 대학의 모든 물리학과 학생들과 교수들이 해리를 놀리려고 해리 스스로 자신이 물리학과 최고의 학생이라고 생각하게 만들기로 했다. 해리는 낙제 점수를 받아야 마땅하지만 채점자들은 해리에게 모든 과목에 만점을 준다. 결국 해리는 졸업을 하고 박사 과정에 진학하게 되며 여기서도 음모는 계속된다. 교수들은 전 세계의 모든 물리학자들에게 편지를 써서 그들을 이 속임수에 끌어들인다. 해리는 학위를 받고 권위 있는 교수직을 차지하게 되며 정기적으로 주요한 과학 학회에서 논문을 발표하기도 하고 「타임」과 「뉴스위크」에도 자주 글을 게재하게 된다. 해리는 물리학에 관해서는 **아무것도 모른다**. 해리는 존경을 받으며 성취감을 느끼고 전문 지식을 가진 사람으로서 행복하게 산다.

이 예화를 소개한 뒤 친구에게 해리나 트루먼이 부러운지 물어보라. 그들의 삶이 거짓 위에 세워졌다는 사실이 중요한가? 당신이 그들의 입장이라면 당신은 이 사실을 알고 싶겠는가?

만약 그리스도의 뼈가 팔레스타인 땅 아래 어딘가에서 썩고 있다면 그리스도인들은 트루먼이나 해리와 똑같은 처지일 것이다. 우리의 신앙에 대한 확신이 거짓인 것이다. 그리스도인들은 거짓이라고 알고 있는 신앙으로부터 위로를 얻을 수 있을까? 진실을 알게 되었을 때 우리는 씨헤이븐을 탈출해서 현실을 찾아 나선 트루먼과 똑같은 반응을 보이게 될 것이다. 우리는 프레이의 책이 거짓말에 근거한 것임을 알게 되었을 때 그 책으로부터 더 이상 용기를 얻을 수 없다고 생각했던 오프라와 똑같은 반응을 보이게 될 것이다. 오프라는 자신의 프로그램을 통해서 이 책을 공개적으로 거부했다. 만약 부활절 사건이 절대 일어나지 않은 사건이라면 부활절 신앙은 **아무것도 아니다.** 바울은 이와 같이 강력하게 주장한다. "그리스도께서 만일 다시 살아나지 못하셨으면 우리가 전파하는 것도 헛것이요 또 너희 믿음도 헛것이며"(고전 15:14).

결론

기독교 신앙 전체가 거짓말에 근거를 둘 수 있을까? 부활이, 제자들이 만들어 내고 교회가 감춰 온 정교한 거짓말일 수 있을까? 복음서에서는 기적을 행하는 신적인 인물로 예수를 그리고 있지만, 사실은 그분이 그저 평범하게 착한 일을 하는 사람일 뿐이었는데 나중에 실제보다 과장된 전설적인 인물로 뒤바뀐 것일까? 이런 주장은 음모 이론가들을 흐뭇하게 만든다. 은폐와 위장의 전문가인 한 기독교 변증가는 이러한 주장을 꼬치꼬치 따져 보면 사실이 아니라는 것이 밝혀질 수밖에 없다고 말한다.

워터게이트와 금세 들통 난 거짓말

워터게이트는 미국에서 일어난 가장 큰 정치 추문이었고 리처드 닉슨 대통령을 사임하게 했으며, 닉슨 대통령의 일급 정치 참모들을 수감되게 만든 사건이었다. 대통령이 탄핵되는 것을 막기 위해서 참모들 중 일부는 이 사건을 은폐하기 위한 계획을 세웠다. 하지만 이 계획은 불과 3주 만에 들통이 나고 말았다. 닉슨 대통령이 가장 신뢰하던 참모 중 하나였던 찰스 콜슨은 이렇게 설명했다., "첫 번째로 배신한 사람은 존 딘이었습니다. 딘은 검사에게 가서 대통령에게 불리한 증언을 하고 말았습니다. 이 일이 있은 후 모두들 저만 살겠다고 난리였죠. …… 당시, 세상에서 가장 큰 권력을 가졌던 우리들도 거짓말을 3주 이상 지켜내지 못했던 것이죠." [10]

워터게이트에 연루된 혐의로 교도소에 있는 동안 콜슨은 그리스도를 따르는 사람이 되었다. 콜슨은 어떻게 기독교가 진리임을 확신하게 되었을까? 그 자신과 닉슨의 일급 참모들이 할 수 없었던 일, 즉 거짓말을 성공적으로 지켜 내는 일을 제자들도 해내지 못했을 것이라고 생각했기 때문이다. 이 정치인들은 거짓을 들키지 않음으로써 모든 것을 얻을 수 있었을 것이다. 하지만 제자들과 초대 교회 기독교인들은 거짓말을 지켜 내도 얻을 것이 하나도 없었다. 오직 박해와 배척을 당하고, 많은 경우에는 순교를 당할 뿐이었다. 콜슨은 다른 이들에게 부활하신 그리스도를 목격했다는 제자들의 주장이 진실임을 설득하려고 할 때 워터게이트 이야기부터 시작한다. "워터게이트를 은폐하려 했던 계획은, 현대 미국에서 가장 큰 권력을 가지고 있던 열 두 사람도 거짓말 하나를 지켜 내지 못한다는 것을 증명합니다. 이를 볼 때 2천 년 전의 힘없던 열 두 사람은 오직 진리만을 말했다는 것은 분명합니다."[11]

더 읽어 볼 책

리 스트로벨, 『예수는 역사다』(두란노 역간, 2002).

조쉬 맥도웰, 『목수 예수』(도서출판 누가 역간, 2005).

폴 바네트, 『신약성경은 믿을 만한가?』(IVP 역간, 1994).

폴 비슬리 머레이, 『부활』(BST 시리즈, IVP 역간, 2004).

프랭크 모리슨, 『누가 돌을 옮겼는가』(생명의말씀사 역간, 2000).

F. F. 브루스, 『신약성경문헌 연구』(생명의말씀사 역간, 2001).

8장
그건 네 생각이지! (1)

동네에 있는 공원의 두 나무 사이에 현수막 하나가 걸렸다. "당신이 옳다고 생각하는 것은 **틀린** 게 아니다. 하지만 다른 이들이 틀렸다고 생각하는 것은 **옳지** 않다." 멋진 말이다. 그렇지 않은가? 무엇이 옳고 그른지에 관해서 개인적인 확신이나 의견을 가지는 것은 틀린 게 아니다. 다른 이들의 의견을 판단하는 것이 옳지 않을 뿐이다. 누가 **당신**에게 다른 사람의 행위가 틀렸다고 말할 권리를 주었단 말인가?

현대인들의 이러한 태도는 그리스도인들을 곤란하게 만든다. 우리는 하나님이 도덕적 기준을 세우셨으며 사기나 혼전 성관계, 외도, 포르노그래피, 인종주의는 누구에게나 옳지 않은 것이라고 믿는다. 오늘날 이런 견해는 인기가 없고 몇 가지 까다로운 문제를 제기하기도 한다.

- "무엇이 옳고 그른지에 관해서 우리의 의견이 일치하지 않으면 어떻게 될까?"

- "누가 당신에게 당신의 견해를 나에게 강요할 권리를 주었던
  말인가?"
- "서로 다른 문화들은 옳고 그름에 대해 다른 생각을 가지고 있지
  않은가?"
- "하나님 없이도 선하게 살 수 있지 않은가?"

이런 물음은 분명히 까다로운 물음이지만, 이를 통해 우리는 도덕과 중요한 사회적 이슈 및 하나님에 관해 풍성한 대화를 시작할 수 있다.

도덕과 윤리에 대해서 이야기하는 것은 어려운 일이기 때문에 먼저 우리 모두가 필연적으로 만나는 실제적인 상황을 통해 이야기를 풀어가는 것이 좋다. 우리가 이력서를 작성하는 데에 윤리학을 적용한다면 학교 교실에서 배운 옳고 그름에 관한 철학적인 개념을 가져와 시장에 적용하는 셈이다.

당신이 꿈꾸던 직업을 얻을 기회가 왔다. 중요한 면접을 하기 전날 밤 당신은 컴퓨터 앞에 앉아서 이력서를 다듬는다. 당신은, 열 사람 중에서 일곱은 이력서를 과장하거나 거짓말을 하기도 한다는 이야기를 인터넷상에서 읽었던 적이 있다. 당신도 그래야 할까? 그렇게 하지 않으면 당신의 이력서는 경쟁력이 없는 것처럼 보이지 않을까? 이런 결정을 할 때 어떤 윤리적 기준이 필요할까?

컴퓨터 앞에 앉았는데 최근에 산 손목 밴드 두 개가 보인다. 각각의 밴드에는 네 글자가 새겨져 있다. 하나는 "WWJD"라고 쓰여 있다. 이 밴드는 이력서를 쓸 때 "예수라면 어떻게 하실까?(What would Jesus do?)"라고 물어보아야 한다고 말하는 셈이다. 대답은 분명하다. 정직한 것이 좋은 경력을 쌓는 것보다 더 중요하다. 예수님이 계셨다면 당신에게 이력서에 거짓말을 하지 말라고 강력하게 충고하셨을 것이다.

  이렇게 답하라 예화로 풀어보는 기독교 변증

그러나 두 번째 밴드는 예수가 유일한 선택인 것은 아니라고 말한
다. 거기에는 "WWMD"라고 쓰여 있다. "마키아벨리라면 어떻게 할
까?(What would Machiavelli do?)"라고 자신에게 물어보라고 한다. 마키아벨
리(1469-1527년)는 속임수와 조작을 통해서라도 개인적인 이익을 획득하
는 것이 옳다고 주장한 정치 전략가였다. 마키아벨리는 무자비한 방법
으로 권력을 추구했으며, 그의 이름은 "목적이 수단을 정당화시켜 준
다"라는 말과 동의어처럼 되어 버렸다.

마키아벨리라면 어떻게 할까?

스탠리 빙은 베스트셀러가 된 자신의 책 『마키아벨리라면 어떻게 할
까?』(해냄출판사 역간)에서 마키아벨리의 통찰을 가져와, 기업 리더가
되기를 원하는 이들에게 필요한 조언을 들려준다. 혹자는 이 책을
"기업 내 책략에 관한 궁극의 지침서"라고 평하기도 했다. 이 책 각
장들의 제목만 보아도 마키아벨리가 기업의 성공을 위해 어떤 전략
을 사용했을지 짐작해 볼 수 있다.

- 필요할 땐 자기 어머니라도 해고할 것이다.
- 자신의 잔혹성을 자랑스러워하면서 이를 장점으로 여길 것이다.
- 자신을 실망시킨 자들을 영원한 불구로 만들 것이다.
- 당신은 마키아벨리 때문에 목숨을 잃을까 걱정할 것이다.
- 다른 직원들 사이의 불화를 즐길 것이다.

거짓말에 관한 마키아벨리의 견해는 이력서를 쓰는 데에 특히 유용
하다. 스탠리 빙은 이렇게 말한다. "성공한 거짓말쟁이들은 너무나
도 많다. 이 이름을 다 열거하는 것은 쓸데없는 짓이다. 사실 거짓말
이 필요함에도 거짓말을 하지 않은 사람들의 이름을 열거하는 것이

더 쉬울 것이다. 그런 사람은 거의 없겠지만 말이다. 거짓말하지 않는 사람은 성공하지 못하며, 그러므로 알려지지 않는 것이다."[1] 이력서 쓰기에 관한 마키아벨리의 충고는 분명하다. '거짓말하라, 거짓말하라, 거짓말하라!'

시간은 계속 늦어지고 아직 이력서를 다 완성하지 못했다. 당신은 어떻게 결정할 것인가? WWJD인가, 아니면 WWMD인가?

어느 쪽이든 당신이 꿈꾸던 직업을 얻을 수 있도록 해주는 쪽을 택하고 싶은 마음이 굴뚝같을 것이다. 다른 사람들은 마키아벨리의 전략을 따라 터무니없지만 인상적인 거짓말로 가득한 이력서를 써서 그 직업을 얻었는데 당신은 정도를 걸어 진실한 이력서를 쓴다면 어떻게 될까? 당신이 그 직업을 얻지 못하게 되었다는 것을 알게 된 후 당신은 거짓말을 했던 그 사람과 마주치게 된다. 그가 거짓말을 하기로 결정한 것에 대한 당신의 평가에 대해 그 사람이 동의하지 않는다면 당신은 어떻게 할 것인가? 조시 맥도웰(Josh McDowell)과 토머스 윌리엄스(Thomas Williams)는 "누군가와 무언가에 관해 의견을 달리할 때, 먼저 두 사람이 옳고 그름의 기준에 관해서 동의해야만 한다"라고 말했다.[2] 그리스도인들은 오직 하나님만이 모든 이들에게 적용될 수 있는 옳고 그름의 기준을 제공하실 수 있다고 믿는다. 만약 하나님이 존재하지 않는다면, 예수의 가르침이 마키아벨리의 가르침보다 더 윤리적이라고 판단하기 어려울 것이다.

 이렇게 답하라 예화로 풀어보는 기독교 변증

도덕적 절대 가치란 무엇인가?

친구와 도덕에 관한 이야기를 시작할 때 도덕적 절대 가치라는 말을 정확히 정의할 필요가 있다. 도덕적 절대 가치가 존재한다는 말은, 어떤 사람이나 문화가 그런 것이 도덕적으로 옳다고 믿는지 아닌지와 관계없이, 모든 사람들에게 옳지 못한 어떤 행위들(인종주의, 증오, 살인, 억압)이 존재한다는 뜻이다. 이렇게 정의할 때, 어떤 기준이 한 사람에게는 적용되지만 다른 사람에게는 적용되지 않을 수 있다는 개념은 성립할 수가 없다. 여기서 기본적인 생각은, 우리가 도덕적인 진리를 발견할 수 있다는 것이다. 우리가 도덕적인 허구를 만들어 내는 것이 아니다. 이 정의에서 예중이 필요한 핵심적인 부분은, 한 사람이 그것에 대해 믿든지 그렇지 않든지 도덕적 절대 가치는 그에게 구속력을 가지고 있다는 점이다.

무인도에서 일어난 살인 사건

당신과 다른 어떤 사람이 난파하여 무인도로 가게 되었다고 가정해 보자. 고통스럽게도 해가 지날수록 결코 구조될 수 없다는 사실이 분명해진다. 어느 날 당신은, 만약 혼자라면 섬 전체의 자원을 독차지할 수 있을 것이란 생각을 하게 된다! 살인이 비도덕적인 것임을 상기시켜 줄 사람(판사나 경찰, 사제)이 아무도 없다. 밤늦게 다른 생존자가 잠든 사이 당신은 그를 죽인다. 아무도 이를 목격하지 못했다. 완전 범죄. 그러나 아무도 모르더라도 살인은 여전히 그른 일이 아닌가?[3]

독일이 이기다!

「뉴욕 타임즈」의 베스트셀러에 오른 『만약에』(세종연구원 역간)에서 군사사가들은 '만약 역사가 뒤바뀌었다면 어떻게 되었을까?' 라는 상상을 해본다. 미국이 독립전쟁에서 졌다면 어떻게 되었을까? 만약 리(Lee) 장군이 게티스버그에서 이겼다면 어떻게 되었을까? 제2차 세계대전에서 연합군의 노르망디 상륙작전이 실패했다면 어떻게 되었을까? 역사가 존 키건은 소름끼치는 질문을 던진다. 히틀러가 이겼다면 어떻게 되었을까?

키건은 히틀러가 가장 절실하게 필요했던 것, 즉 석유를 어떻게 조달할 것인가에 관해 더 전략적으로 사고했다면 제2차 세계대전에서 승리했을 것이라고 주장한다. 석유가 없었기에 전쟁 기계들이 곧 멈추어 버릴 판이었다. 러시아에 대한 증오 때문에 히틀러는 러시아를 침공하여 러시아의 엄청난 석유 저장고를 확보하기로 결정했다. 지금 우리는 히틀러가 두 개의 전선(戰線)을 벌였던 것이 치명적인 실수였음을 알고 있다. 키건은, 히틀러가 먼저 세계 최대의 산유국인 이라크와 이란, 사우디아라비아를 먼저 침공했다면 전쟁 기계들에 끊임없이 연료를 공급할 수 있었을 것이라고 주장한다. 석유를 확보했다면 영국을 이길 시간을 벌고 러시아 침공 계획을 전략적으로 세울 수 있었을 것이다. 이런 극적인 승리를 거두었다면 미국도 히틀러가 유럽을 정복하도록 내버려 둘 수밖에 없었을 것이다.[4]

히틀러가 유럽에 머무르는 데에 만족하지 못했다면 어땠을까? 히틀러의 군대가 미국뿐만 아니라 전 세계를 정복했다면 어떻게 되었을까? 그랬다면 히틀러는 홀로코스트가 틀렸다고 생각하는 모든 사람들을 조직적으로 살해하거나 세뇌시켰을지도 모른다. 모든 사람들

 이렇게 답하라 예화로 풀어보는 기독교 변증

이 600만 명의 유태인을 살해한 것이 도덕적으로 정당하다고 생각하는 그런 세상을 상상할 수 있겠는가? 그런 끔찍한 세상은 도덕에 관한 흥미로운 물음을 던진다. 이제 모든 사람들이 도덕적으로 옳았다고 생각한다고 해도 홀로코스트는 여전히 그른 것일까? 우리의 정의에 따른다면, 대답은 '그렇다' 이다.

친구가 이에 동의하지 않는다면, 그가 난처한 입장에 처할 수밖에 없음을 지적하라. 친구는, 히틀러가 전쟁에서 이겼다면 600만 명의 유태인을 죽인 것이 도덕적으로 정당화될 수 있다고 말하는가? 무인도에서 누군가를 죽이는 것은 다른 어떤 사람이 이에 관해 알게 될 때만 잘못된 일이라고 할 수 있단 말인가?

대화의 다음 단계는, 모든 사람들이 어느 정도는 어떤 행위가 언제나 옳지 않다고 믿는다는 것을 보여 주는 것이다.

"허용해서는 안 될 행위 목록" 작성

한 사람이 스스로 도덕적 절대 가치의 목록을 만들도록 도와주는 것이 중요하다. 우리는 이것을 "허용해서는 안 될 행위 목록"이라고 부른다. 이 목록에서는 무조건적으로 옳지 않다고 믿는 행위를 나열하게 된다. 당신의 친구에게 도덕적인 행위의 목록을 소개하고 각각의 행위가 옳은지 그른지를 판단해보라고 말함으로써, 친구 스스로 "허용해서는 안 될 행위 목록"을 만들도록 도와줄 수 있을 것이다. 예를 들어, 대부분의 사람들은 고문, 아동 성학대, 테러, 인종주의가 옳지 않다고 말할 것이다. 철학자인 노먼 가이슬러와 프랭크 투렉은 도덕적 절대

가치에 대한 한 사람의 믿음은 특정한 도덕 행위에 대한 그의 반응을 통해 드러난다고 주장한다.[5]

일반론에 대해 이야기하는 대신, 아래의 불쾌한 상황들을 소개한 다음 친구의 반응에 주목하라.

- 열두 살밖에 안 되는 아이들을 포함한 이슬람 여인들을 상상하기조차 힘든 끔찍한 공포로 몰아넣은 "강간 공장"을 만들고 운영한 혐의로 세 명의 보스니아계 세르비아인이 재판을 받고 있다. 희생자들은 야만적으로 구타를 당하고 윤간을 당하며 고문을 당했던 경험을 증언한다. 세 명의 세르비아인들은, 이유 없이 강간을 허용한 것이 아니라 여인들의 인종 때문에 이들이 강간을 당해도 마땅했다고 주장한다.[6]

- 사우스캐롤라이나의 한 어머니가 두 딸을 카시트에 앉힌 다음 그 차를 몰아 호수에 빠뜨려 두 딸을 모두 익사하게 만들었다. 그녀는 경찰 당국에, 아이들을 원치 않는 남자친구를 되찾기 위해 그렇게 했다고 말했다.

- 어린이를 위한 큐 클럭스 클랜(Ku Klux Klan, KKK) 웹사이트에서는 유색 인종을 열등하고 위험한 존재로 묘사하는 만화, 게임, 퍼즐, 동화를 통해서 아이들이 인종주의자가 되도록 가르친다. 이 웹사이트를 만든 이들은, 그저 좋은 부모들이라면 모두 하는 일을 하기 위해서, 즉 진리와 가치와 신념을 전수하기 위해서 이렇게 했을 뿐이라고 주장했다.[7]

이런 상황들에 대해서 듣게 될 때 우리는 윤리학자 부지셰프스키가 "허튼소리 감지기"라고 부른 것을 작동시킨다. "모든 사람이 머릿속에 자신만의 허튼소리 감지기를 가지고 있습니다. 말하자면, 우리 머릿속에는 작은 기계 같은 것이 있어서 말도 안 되는 소리를 듣게 되면 거기에 불이 들어오고 삐 소리가 나면서 혼잣말로 '허튼소리 하는군'

　이렇게 답하라 예화로 풀어보는 기독교 변증

이라고 말하게 만든다는 것이죠"라고 부지세프스키는 말했다.[8]

어떤 사람이 여자들을 강간한 것을 정당화하거나 아이들에게 인종주의를 가르치는 것이 어째서 좋은 부모 노릇을 하는 것인지를 설명하려고 할 때, 우리는 그런 행위가 비도덕적이며 그런 이야기는 허튼소리일 뿐이라고 판단하게 된다. 유신론자이든 무신론자이든, 대부분의 경우 우리는 이런 행위를 옳게 여기는 사람이 있다고 하더라도 우리의 판단이 옳다는 데에 동의할 것이다. 다시 말해서, 어떤 사람이 그렇게 생각하든지 안 하든지 강간과 아이들을 익사시키는 것, 인종주의 같은 것들이 그릇된 행위라는 우리의 신념은 누구에게나 구속력을 가진다.

친구와 "허용해서는 안 될 행위 목록"을 만들 때 다음의 저명한 사상가가 제시한 목록을 소개해 보라.

앨런 더쇼위츠의 악에 대한 인식

앨런 더쇼위츠는 예일 대학교를 수석으로 졸업하고 스물여덟의 나이에 하버드 법대 최연소 전임 교수가 되었다. 더쇼위츠는 패티 허스트와 마이크 타이슨, O. J. 심슨을 변호한 민권 전문가이기도 하다.

종교가 오늘날의 문제에 적절히 대응하고 있는가에 관해서 앨런 키즈와 토론하던 중에 불가지론자임을 자처하던 더쇼위츠는 "어떤 것이 옳다는 것을 어떻게 알 수 있는가?"라는 질문을 받았다.

더쇼위츠는 무엇이 옳은지를 말하기는 어렵지만 무엇이 그른지는 분명히 알 수 있다고 대답했다. 그런 다음 더쇼위츠는 청중에게 "허용해서는 안 될 행위 목록"에 대해 이야기했다.

우리는 절대악이 무엇인지 알고 있다. 우리는 이미 그것을 목도했다. 우리는 세속주의라는 이름의 절대악인 나치즘을 목격했다. 우리는 무신론이라는 이름의 절대악인 공산주의를 목격했다. 종교라는 이름으로 행해진 절대악인 종교 재판과 십자군 원정을 목격했다. 우리는 악이 어떤 것인지 안다. 우리는 무엇이 그른지 알고 있다. **나는 무엇이 옳은지 모른다!** 하지만 나는 무엇이 **그른지**는 안다. [9]

더쇼위츠가 목소리를 높인 것은 자신의 허튼소리 감지기가 울렸기 때문이다. 홀로코스트나 십자군 원정, 종교 재판을 정당화하려는 모든 시도가 터무니없다고 생각했던 것이다. 이런 행위는 모두 악하다. 판결 종료.

국제사면위원회의 절대악 목록

국제사면위원회(Amnesty International)는 150여 개국에 180만 명의 회원을 보유한 단체이다. 이 단체의 회원들은 다양한 배경과 국적을 가지고 있지만 모든 이들의 기본적인 인권을 보장하기 위해 함께 노력한다. 이러한 노력을 위해서는 기금이 필요하다. 기부를 요청하는 편지에서 국제사면위원회의 이사 존 힐리는 잠재적인 기부자들에게 "허용해서는 안 될 행위 목록"에 대해 이야기했다. "제가 오늘 당신께 이렇게 편지를 보내는 이유는, **어떤 도덕적 절대 가치가 정말로 존재한다**는 저의 뿌리 깊은 신념을 당신도 공유하고 있다고 생각하기 때문입니다. 고문이나 정부가 승인한 살인, '실종' 등은 그야말로 절대악입니다. 이런 것은 우리 모두에 대한 폭력입니다." [10]

홀로코스트나 고문에 관해 듣게 될 때 우리는 더쇼위츠와 같은 분노를 느끼며 도덕적 절대 가치에 관한 힐리의 신념에 공감하게 된다.

이렇게 답하라 예화로 풀어보는 기독교 변증

친구로 하여금 "허용해서는 안 될 행위 목록"을 만들도록 도와준 다음에 당신이 그 목록에 얼마나 동의하는지 이야기해 주도록 하라. 당신이 만든 목록과 얼마나 유사한지를 지적하라. 유익한 대화를 이끌기 위해서는 일치점을 찾는 것이 중요하다.

먼저 일치하는 부분을 확인한 다음에는 서로 의견을 달리하는 점에 대해서 이야기해 볼 수 있다.

친구와 함께 토의해야 할 점은, 친구가 이런 행위가 비도덕적이라고 판단할 때 어떤 기준을 사용하고 있는가 하는 것이다. 하나님을 믿는 사람은, 강간이 하나님의 도덕적인 기준을 위반하기 때문에 그르다고 믿는다. 하나님이 존재한다고 믿지 않는 사람도 마찬가지로 강간이 그르다고 믿지만 다른 어떤 것에 근거해서 그런 믿음을 견지한다. 하나님이 아니라면 기준은 무엇일까?

다음에서 우리는, 우리가 정해 놓은 "허용해서는 안 될 행위 목록"에 대한 근거가 될 수 있는 네 가지 도덕적 기준에 대해 살펴볼 것이다.

가능한 도덕적 기준들

이 네 가지의 선택지를 제시할 때 근거가 빈약한 무신론적 선택지만 이야기하지 않도록 주의하라. 우리가 하나님을 배제하는 허술한 윤리적 근거를 제시한다면, 우리가 가지고 있는 도덕적 근거를 제시할 때 우리가 하는 말의 신뢰도 역시 크게 약해지고 말 것이다.

선택 1: 권력을 가진 이가 무엇이 옳은지를 결정한다. 이러한 입장에서는 권력을 가진 이가 무엇이 도덕적으로 옳은지를 결정한다고 본다. 권력을 가진 이들이 존경 받을 만하며 동정심을 가진 사람들일 때는 모든 사람들의 이익을 잘 따져 볼 것이다. 아서 왕 이야기의 기사들처럼 권력을 가진 이들은 사람을 섬기고 보호하는 데에 헌신할 것이다. 이러한 입장에 따르면, 현금과 신용카드가 가득한 지갑을 발견했을 때 당신은 이 지갑을 가질 권리가 있는지를 알아보기 위해 권력자에게 찾아갈 것이다. 아서 왕의 기사들은 당신에게 존경 받을 만한 방식으로 행하라고, 즉 그것을 돌려주라고 분명히 명령할 것이다.

선택 2: 도덕은 문화에 따라 결정된다. 이러한 견해에 따르면 개인들은 그들이 자라난 문화의 규칙과 가치와 규범을 따른다. 한 사람에게 명예, 공평, 미, 헌신, 악, 선, 덕과 같은 말은 그 사람의 문화에 의해 정의되며, 특정 문화의 관습과 법률과 윤리적 기준 속에서 표현된다.

이러한 입장의 핵심에는 일종의 사회 계약 사상이 자리 잡고 있다. 특정한 문화 속에서 대다수의 행복을 성취하기 위해 개인들은 사회적으로 해야 할 것과 하지 말아야 할 것의 목록에 대해 합의한다. 한 사회에서 개인들은 붐비는 극장에서 좋은 자리를 얻거나 제시간에 맞춰 출근하기 위해 교통 신호를 무시하려고 "불이야!"라고 외칠 수 없다는 데에 동의한다. 사람들이 시도 때도 없이 그렇게 한다면 엉망진창이 되고 말 것이다. 우리는 모두 공동의 안전과 유익을 위해 자유를 일정 부분 포기한 것이다. 그렇다면 도덕은 "옳고 그름에 관한 어떤 포괄적이며 절대적 기준에 의해서가 아니라 사회의 합의에 따라" 결정되는 것이다. "공동의 합의에 의해서 모든 사람은 대다수의 의지에 따라 결정된 도덕을 받아들이는 것이다."[11] 이러한 견해에서 분실한 지갑을 돌려주는 것은 당신이 속한 특정한 문화의 사회적 계약에 따라 결정할 문제인 것이다. 당신의 문화에서 "찾은 사람이 취하고, 잃어버린 사람은 안타까워한다"라는 원리를 채택했다면, 그 지갑은 당신의 것이 될

 이렇게 답하라 예화로 풀어보는 기독교 변증

것이다.

선택 3: 도덕은 개인에 의해 결정된다. 모든 개인이 특정한 문화 속에서 자라나는 것은 사실이지만, 문화적으로 해야 할 것과 하지 말아야 할 것의 목록에 따를 것인지 말 것인지 결정하는 것은 개인들에게 달렸다는 입장이다. 이러한 관점에서는, 어떤 사람이 자신에게 옳은 것을 행한다면 그 사람은 도덕적이라고 볼 수 있다. 자신의 양심을 안내자로 삼아서 개인은 사회적 계약의 어떤 부분을 따를지, 변경할지, 무시할지를 결정한다. 이러한 관점은 예리한 분별력과 내적 성찰을 요구하며 종종 어려운 윤리적 결정을 초래하기도 한다. 한 사람의 이익이 꼭 다른 사람에게도 이익이 될까? 현금이 가득 들어 있는 분실된 지갑을 갖겠다고 결정할 사람이 당신뿐일까? 당신은 그 주인보다 더 돈이 필요한 것일까? 이러한 관점에서는 지갑을 돌려주거나 갖는 것 둘 다 가능한 선택이 될 것이다.

선택 4: 도덕은 선하신 하나님에 의해 결정된다. 이 관점에서는 불변하는 하나님의 성품에 도덕적 근거를 둔다. 하나님이 무엇이 옳고 그른지 결정하신다. 그리고 그분의 명령은 그분의 선하심과 거룩하심을 반영한다. 이사야 45장 19절에서 하나님은 "나 여호와는 의를 말하고 정직한 것을 알리느니라"라고 선언하신다. 성경에서는 하나님이 지혜로우시며(사 28:29) 거룩하시고(시 77:13, 사 6:3) 사랑이 많으시며(요일 4:8) 선하시다고(시 100:5, 119:68) 주장한다. 그러므로 하나님의 모든 명령도 지혜롭고 거룩하며 사랑이 많고 선하다. 예를 들어, 하나님은 자신이 선하시므로 모든 사람이 선을 행해야 한다고 명령하신다(갈 6:10). 사실 도덕적인 삶을 사는 열쇠는 하나님이 선하다고 하신 것을 긍정하고 나쁘거나 악하다고 하신 것을 반대하는 데에 있다. 이러한 관점에서는 다른 사람의 지갑을 발견했을 때 주인에게 돌려주어야만 한다. 의로우신 하나님은 정직하지 않은 이득은 그릇된 것이라고 선언하셨기 때문이다(출 18:21, 겔 22:13).

시험 사례: 홀로코스트

이 네 가지 가능한 기준에 대해서 평가할 때 시험 사례를 활용하면 좋다. 시험 사례를 통해서 당신의 친구는 각 선택지의 강점과 약점을 판단할 수 있다. 홀로코스트는 "절대 허용되어서는 안 될 행위"에 반드시 들어갈 만한 사건이다. 「쉰들러 리스트」와 같은 영화는 히틀러가 최후로 사용한 수단이 얼마나 끔찍했는지를 생생하게 보여 준다. 600만 명 이상의 유태인을 말살한 이 사건은 우리에게 강렬한 정서적인 반응과 도덕적인 분노를 불러일으킨다. 우리는 어떤 기준으로 나치의 이러한 행위가 그릇된 것이라고 판단하는 것일까?

우선, 이것은 어리석은 물음인 것처럼 보인다. 친구는 "물론 홀로코스트는 잘못된 것이지"라고 말한다. 우리도 동의한다. 그러면 어떤 기준에서 우리는 절대적인 확신을 가지고 홀로코스트를 비난하는 것일까?

홀로코스트를 시험 사례로 삼아 위의 네 가지 관점에 대해 평가해 보자. 그리고 어떤 관점을 취할 때 우리가 그릇된 것이라고 알고 있는 것을 비난할 수 있는지 알아보도록 하자. 친구는 그 결과를 보고 놀라게 될 것이다.

선택 1: 권력을 가진 이가 무엇이 옳은지를 결정한다. 이 관점에 따르면 권력자가 아서의 기사들처럼 공정하고 존경할 만할 때 윤리적인 사회가 된다. 하지만 나치와 같은 이들이 권력을 갖게 된다면 어떻게

 이렇게 답하라 예화로 풀어보는 기독교 변증

될까?

히틀러는 1933년에 집권한 뒤 자신의 당을 제외한 모든 정당을 해체했다. 국가 사회주의자들은 유태계 판사와 변호사를 모두 해임하고 새로운 사람들을 임명했다. 그들은 게르만 혈통을 가진 이들만 판사가 될 수 있게 했다. 그러므로 히틀러는 독일 법률을 초월해서가 아니라 독일 법률에 의거하여 행동했다. 무엇이 옳고 그른지를 결정할 수 있는 온전한 권력을 가지게 된 것이다. 얼마 지나지 않아 유태인 600만 명과 집시와 동성애자 500만 명은 그러한 권력이 얼마나 끔찍한지 경험하게 된다.[12]

우리는 히틀러의 행위를 비난할 수 있지만, 히틀러가 법적으로 그런 짓을 저지를 수 있는 권위를 가졌다는 점은 부인할 수 없다.

선택 2: 도덕은 문화에 따라 결정된다. 『아우슈비츠 이후의 도덕』에서 피터 하스는, 히틀러가 그런 끔찍한 짓을 저지른 것은 결국 1930년대와 1940년대의 독일 문화가 이를 가능케 한 윤리를 받아들였기 때문이었다고 주장한다. 리처드 루빈스타인은 이 책의 서평에서 하스의 견해를 이렇게 요약한다. "홀로코스트가 지속될 수 있었던 것은 바로 '유태인들의 체포와 추방을 그릇된 것이라고 판단하지 않고 사실상 이를 윤리적으로 허용될 만하며 심지어 선한 것이라고 판단하는 새로운 윤리가 자리를 잡았기' 때문이었다."[13] 무엇이 문제인지 알겠는가? 독일인들이 그저 독일적인 사회 계약에 따른 것뿐이었다면, 어떻게 그들이 저지른 짓이 잘못된 것이었다고 말할 수 있겠는가? 무슨 권리로 한 사회 계약을 만든 이들이 다른 문화의 사회 계약을 판단할 수 있단 말인가?

선택 3: 도덕은 개인에 의해 결정된다. 홀로코스트는 독일의 가장 심각한 내부적인 위협인 유태인을 제거하겠다는 히틀러의 개인적인 야심 때문에 일어난 비극적인 사건이다. 비록 대부분의 독일 시민들이 유태인 학살에 반대했다고 하더라도 그 학살이 도덕적으로, 논리적으로 정당화될 수 있다는 것이 히틀러의 신념이었다. 히틀러는 이러한 신념을 『나의 투쟁』(범우사 역간)에서 소름끼치게 묘사하였다.

나의 투쟁

자연이 약한 개인들과 강한 개인들이 짝을 짓기를 바라지 않는다면, 우월한 인종이 열등한 인종과 섞이는 것은 더욱 더 원하지 않을 것이다. 그렇게 될 경우 진화론적으로 고등한 단계로 발전하려는 수십만 년에 걸친 자연의 모든 노력이 무위로 돌아갈 수도 있기 때문이다. [14]

히틀러는 열등한 유태인을 말살하는 것이 자신과 독일 민족을 위해 최선이라고 생각했다. 도덕이 개인에 의해 결정된다면 히틀러에게 있어서 자신의 행위가 그릇된 것이라고 할 수 있겠는가?

당신의 친구가 위의 기준들을 취한다면 그가 잘못되었다고 인정하는 행동을 비판할 수가 없다. 모든 이들의 "허용해서는 안 될 행위 목록" 에 반드시 들어가는 한 가지 행위가 삭제될 수밖에 없는 것이다.

당신의 친구가 느끼는 당혹감을 제2차 세계대전이 끝난 후 나치를 기소한 검사들도 똑같이 느꼈다. 홀로코스트가 잘못된 것임을 당신의 친구가 알았던 것과 마찬가지로 연합군 측에서도 그것이 잘못된 것임을 알았고 나치 지도자들을 처벌하고자 했다. 그러면 연합군 측은 어떤 기준을 사용해야 할까? 이것은 놀라울 정도로 대답하기 어려운 질문이었다.

법 위의 법

뉘른베르크 전범 재판은 나치 정권의 지도자들에 대한 처벌과 관련하여 독일의 뉘른베르크(Nuremberg)에서 열린 일련의 법정 소송(1945-1949년)이었다. 가장 유명한 재판은 반인도적 범죄로 기소된 스물네 명의 나치 핵심 지도자들에 대한 재판이었다.

이 재판을 지켜보던 사람들은 피고 측에서 주장하는 기소 내용에 대한 반박 논리가 너무나도 효과적이라는 것을 알고 충격을 받았다. 어떻게 그럴 수 있었을까? 도저히 변호할 수 없는 짓을 저지른 사람들을 변호한 논리는 과연 무엇이었을까? "피고 측의 가장 강력한 변론은, 그들이 그저 명령을 따랐으며 자신들의 합법적인 체계 안에서 그 체계에 전적으로 부합하는 결정을 내렸을 뿐이라는 것이다. 그리고 자신들은 외부 정복자들의 가치 체계에서 벗어나 있기 때문에 그에 따라 유죄 판결을 받는 것은 정당하지 않다는 것이다." 15)

강력한 논증이다. 그렇지 않은가? 나치의 변호사들은 그저, 우리가 이미 살펴본 도덕적 기준에 호소하고 있을 뿐이다. 만약 도덕이 문화에 의해 결정된다면, 어떻게 우리는 독일인들이 독일 문화의 가치와 법률과 신념을 따랐다는 이유로 그들에게 유죄 판결을 내릴 수 있을까? 독일인들이 전쟁에서 이겼다면 그런 재판조차 벌어지지 않았을 것이다.

재판은 교착 상태에 빠졌다.

검사 측에서는 어떻게 대응했을까? 수석 검사였던 미국의 로버트 잭슨 대법관이 해답을 제시했다. 잭슨은, 다른 문화에 대해서 판단할 수 있는 유일한 길은 "법 위의 법"에 호소하는 것이라고 주장했다. "법 위의 법"은 문화를 초월하며 전쟁의 승자와 패자 모두에게 적용된다는 것이었다. 재판은 속개되었고 사법적 정의를 이룰 수 있었다.

비록 잭슨이 직접적으로 주장하지는 않지만, 그가 호소한 도덕의 기준은 홀로코스트를 "허용해서는 안 될 행위 목록"에 그대로 남겨 둘 수 있는 유일한 선택이었다.

선택 4: 도덕은 선하신 하나님에 의해 결정된다. 유태인이건 독일인이건 사람을 죽이는 것은 잘못된 일이다. 하나님이 "살인하지 말라"라고 명령하셨기 때문이다(출 20:13). 하나님은, 모든 사람들이 하나님에 의해서 창조되었고 하나님의 형상을 지니고 있기 때문에 살인을 잘못된 것으로 여기신다(창 1-3장). 하나님은 인종에 관계없이 모든 사람들을 사랑하신다. 살인을 악으로 판단하지 않는다면, 하나님의 성품에 근거하고 우리의 도덕적 직관 속에 존재하는 정의와 자비와 사랑의 관념을 위반하는 것이다. 하나님의 도덕적 명령은 모든 시대의 모든 사람들에게 구속력을 지닌다. 언젠가 누군가가 빈정거린 것처럼, 모세가 시내 산에서 내려올 때 하나님에게 받아 온 것은 열 가지 제안이 아니었다.

이 마지막 선택(하나님이 도덕적 기준을 정하신다)만이 히틀러의 잔인성을 온전히 비판하고 홀로코스트를 "허용해서는 안 될 행위 목록"에 그대로 남겨 둘 수 있는 근거를 제공해 준다.

다음 장에서는, 우리 모두에게 적용되는 "허용해서는 안 될 행위 목록"이 존재해야 하는 이유에 대해서 살펴보도록 하겠다.

9장
그건 네 생각이지! (2)

인종 때문에 여자들을 강간하는 남자들, 남자 친구를 되찾으려 자기 아이들을 익사시키는 어머니, 아이들에게 인종주의를 가르치는 웹사이트. 오스 기니스는 이런 극악무도한 행위를 대할 때의 적절한 반응은 "빌어먹을"이라고 외치는 것이라고 말한다.

절대 악에 대해서는 절대적인 판단을 내릴 필요가 있다. 본능적으로 그리고 직관적으로, 우리는 무조건적인 존재에게 악을 무조건적으로 정죄해 달라고 소리친다. 무신론자가 악을 대할 때 "빌어먹을"이라는 말을 날리는 것은 그른 일이 아니라 옳은 일이다. 그것은 초월의 징후이며 더 나은 가능성을 가리키는 지침이다. 그리고 무의식중에 하는 기도이기도 하다.[1]

우리는 어떤 행위들이 잘못되었다는 것을 직관적으로 알기 때문에 그에 대해 비난한다. 그러나 우리의 직관은 어디로부터 온 것일까? 우리가 가지고 있는 도덕적 직관은 모든 사람들에게 공통된 것일까? 우리는 도덕적 직관을 증명하기 위해 어떤 증거를 제시할 수 있을까?

도덕적 직관에 대한 증명

앞 장에서 이야기한 "허용해서는 안 될 행위 목록"은 도덕적 절대 가치의 존재를 직관적으로 증명할 수 있다는 강력한 사례이다. 우리는 자녀들이 우리를 성가시게 한다는 이유로 그들을 익사시키는 행위가 잘못된 것임을 직관적으로 안다. 직관적이라는 말은 어떤 것에 대해 직접적으로 인식하고 있다는 말이다. 그것은 단순한 감이 아니라 어떤 것을 지각하고 그것이 참이라는 것을 안다는 말이다. 프랜시스 베크위스와 그레고리 쿠클은 "직관적인 진리는 그저 내성(內省)과 즉각적인 인식의 과정을 통해서 알려진다"라고 말했다.[2] 다시 말해서, 우리가 배울 필요가 없고 증명할 필요가 없는 어떤 진리가 존재한다는 말이다. 그런 진리는 매우 명백해서 다른 모든 지식을 쌓아 올리는 벽돌과 같은 역할을 하게 된다.

누가 더 큰가?

친구에게 다음의 수수께끼를 이야기해 주면 어떨까? "만약 존이 메리보다 키가 더 크고 톰이 존보다 더 크면, 톰은 메리보다 더 큰가?"[3] 친구에게 이 수수께끼는 어렵기 때문에 원하는 만큼 시간을 주겠다고 말해 주라. 또한 잘 모르겠으면 세 사람(존, 메리, 톰) 모두를 불

   이렇게 답하라 예화로 풀어보는 기독교 변증

러내 나란히 서게 해서 정답을 결정할 수도 있다고 말해 주라. 친구
는 당신을 보며 웃는다. 당신의 친구는 "아니, 그럴 필요 없어"라고
말한다. 친구는 재미없다면서 "톰이 메리보다 더 커"라고 재빨리 대
답한다.

톰이 메리보다 더 크다는 것을 판단할 때 당신의 친구가 사용한 사
고 과정은 직관적인 것이었다. 형식 논리학을 연구할 필요도 없다.
톰과 존의 관계에 근거해서 톰이 메리보다 더 크다는 것을 바로 알
수 있다.

아일랜드는 존재하는가?

만약 어떤 사람이 당신에게 "아일랜드가 존재하고 거기에는 멋진 선
술집과 시민들이 있다"라고 말한 다음 바로 "아일랜드는 존재하지
않으므로 거기에는 선술집도 시민들도 없다"라고 말한다면 어떨까?
당신은 지도를 펴보거나 비행기를 타고 가보지 않아도 이 두 가지
진술이 둘 다 참일 수 없다는 것을 알 수 있다. 이 주장이 상호 배타
적이라는 것을 이해하기 위해 철학으로 학위를 딸 필요도 없다. 아
일랜드는 존재하든가 존재하지 않든가 둘 중 하나이다. 두 주장 모
두 참일 수는 없다.

톰과 메리에 관한 우리의 사고 과정이나 상호 모순된 주장에 대한
우리의 직관적인 인식도 도덕에 대한 인식과 동일하다. 당신이 만든
"허용해서는 안 될 행위 목록"에 기록된 행위에 대해 다시 생각해
보라. 우리는 강간이나 자녀를 익사시키는 것이나 인종주의가 왜 나
쁜지를 증명할 필요가 없다. 우리는 단지 그런 것이 나쁘다는 것을

알고 있다!

보편적인 도덕적 직관

C. S. 루이스는 자신의 책을 통해서 도덕적 직관에 대한 강력한 논증을 전개한 바 있다. C. S. 루이스는 인간의 문명 전체를 놓고 볼 때 현재의 문화이든 과거의 문화이든 거의 모든 문화에서 놀라울 정도로 똑같은 도덕적 직관을 소유하였음을 확인할 수 있다고 말한다. 이들 각각의 문화에서는 "사람들이 특정한 방식으로 행동해야 한다는 생각을 가지고 있다."[4] 루이스는 다른 문명이나 다른 세대는 근본적으로 다른 도덕성을 소유한다는 대중적인 생각에 대해 반론을 제기한다. "예를 들어서 고대 이집트인들과 바벨로니아인들, 힌두인들, 중국인들, 그리스인들, 로마인들의 도덕적 가르침을 비교해 본다면, 그런 가르침이 얼마나 서로 비슷한지 그리고 우리의 가르침과 얼마나 비슷한지를 발견하고 정말 깜짝 놀라게 될 것이다."[5]

각기 다른 문화 사이에서는 상호 간의 접촉이 거의, 혹은 전혀 없었음을 지적하는 것이 중요하다. 이들 문화는 국제전화를 통해서 도덕규범을 서로 비교하거나 일치된 의견을 이끌어내기 위해서 자신들의 규범 목록을 재조정하지 않았다. 하지만 이들의 목록을 비교해 보면 이들 사이에 일치된 의견이 있음을 바로 알 수 있다. 마치 수십억 명의 음악가들이 수천 개의 다른 장소에서 동일한 악보를 연주하는 것처럼 말이다.

이를 쉽게 설명하기 위해서 친구에게 다음과 같이 물어보라. "한 나라가 근본적으로 다른 도덕규범을 만들어냈다면 그것은 어떤 모습일까?" 친구와 함께 보편적으로 인정되는 도덕과 상반되는 도덕을 가지고 있는 가상의 나라에 대해 생각해 보라.

상상할 수 없는 나라

아래의 특성에 대한 반대말을 적어 보라.

정직:

용기:

존경심:

사랑:

친절:

우리가 만들어 낸 가상의 나라에서는 부모들이 자녀들에게 거짓말을 하고, 겁쟁이가 되고, 어른을 무시하고, 모든 이에게 잔인하게 대하라고 의도적으로 가르칠 것이다.

상상하기 어렵다. 그렇지 않은가?

그리스도인들은 문화들 사이에 유사성이 존재하는 것은 하나님이 지리적 위치에 관계없이 모든 남녀의 마음속에 옳고 그름에 관한 구체적인 관념을 심어 두셨기 때문이라고 주장한다. 다른 문화는 각기 다른 관습을 통해 이 관념을 표현할지도 모르지만 도덕적으로 같은 기반 위에서 움직인다.

두 가지 반론

앞의 예화를 소개한 다음 당신의 친구나 가족이 제기할 수 있는 몇 가지 물음에 대비하라. 여기 당신이 제시한 논증에 대한 두 가지 가능한 반론이 있다.

첫 번째 반론. 이러한 보편적 직관의 부정적인 측면에 대해서는 어떻게 생각해야 하는가? 당신은 편리하게도 모든 문화에 공통된 긍정적인 요소들(진실함, 자비, 동정심)만 예로 들고 전쟁이나 억압, 폭력과 같은 부정적인 요소는 쏙 빼버렸다. 물론, 대부분의 문화에서는 친절을 미덕이라고 생각하고 이를 장려한다. 그러나 대부분의 문화가 폭력 행위를 일삼기도 한다. "군사역사 백과사전" 같은 책에서는 문화나 국가 사이에 벌어진 폭력의 행위를 1천 페이지가 넘는 분량으로 생생하게 기록하였다. 한 역사가는 "비인간성이 인류를 정의하는 특성"이라고 주장한다.[6]

그렇다면 하나님이 자비와 폭력 **둘 다**를 우리의 문화적 의식 속에 심어 두신 것일까?

이에 대해서 두 가지로 답변할 수 있다. 첫째로, 전쟁과 같은 인간 행위의 부정적인 측면에 대해서 생각할 때 우리는 그에 대해 직관적으로 "어두운" 혹은 "볼썽사나운"이라는 딱지를 붙이게 된다는 점을 지적할 수 있다. 우리는 각각의 문화가 고결한 일을 행할 수 있는 것과 마찬가지로 유감스러운 일도 행할 수 있다는 점을 인정한다. 그런 구분은 어디로부터 오는 것일까? C. S. 루이스는 "한 사람이 직선에 대한 관념을 가지고 있지 않다면 어떤 선이 구부러졌다고 말할 수 없을 것이다"라고 말했다.[7] 어떤 문화가 도덕적인 규범으로부터 이탈했다는 것을 인식하는 것은, 곧 도덕적인 규범이 존재한다는 것을 인정하는 것과 다름없다.

둘째로, 도덕적 직관에 대한 우리의 지각은 우리에게 자동적으로 구

이렇게 답하라 예화로 풀어보는 기독교 변증

속력을 가지는 것이 아니다. 앞서 악의 문제를 논했던 장에서 우리는, 하나님이 우리에게 주신 최고의 영광이 우리를 로봇처럼 복종하는 멋쟁이 꼭두각시로 만들지 않으신 것이라는 점을 지적한 바 있다. 안타깝게도 우리는 우리의 도덕적 직관을 무시할 수 있고, 그렇게 시간이 지나면 거의 사라지게 만들어 버릴 수도 있다. 흥미롭게도 우리의 도덕적 직관을 거스르기로 결정했을 때 우리는 그것에 대해 더 날카롭게 인식하게 되는 경우가 많다.

「뮌헨」

스티븐 스필버그 감독의 영화 「뮌헨」은 1972년 뮌헨 올림픽에서 열한 명의 이스라엘 운동선수들을 납치해 살해한 사건을 그렸다. 구조 작전에 실패하여 열한 명의 운동선수가 모두 죽었다는 소식이 전해지자 온 세계가 경악했다. 이스라엘은 어떻게 대응했을까?

이 중요한 시기에 이스라엘 수상이었던 골다 마이어는 이 팔레스타인 납치범들을 사법적으로 처리하려고 하지 않았다. 그 대신에 열한 명의 용의자들을 조직적으로 색출해 살해할 이스라엘 암살단을 비밀리에 조직했다. 암살자들은 비밀 자금을 받고 가짜 이름으로 여행하고 위조된 여권을 들고 다녔다.

왜 비밀 작전을 지시했을까? 마이어는 이것이 잘못된 것임을 마음속으로 알고 있었기 때문이었다. 용의자를 체포해 그들을 이스라엘 법정에 기소하는 것이 올바른 방식이었을 것이다. 그러나 마이어는 복수를 택했다. 그녀는 "모든 문명은 자신의 가치와 타협하고 협상해야만 한다"라고 말했다.

마이어가 유대교의 가치에 대해 타협하고 복수를 하고자 했을 때 자신이 타협하고 있음을 지각했다. 정의 대신 폭력을 택했을 때도 무엇이 옳은지 알고 있었다. 인간 문화의 역사는 이런 유의 의식적인 타협으로 가득하다. 우리의 선이 굽어 있다는 것을 우리는 온전히 인식하고 있다.

두 번째 반론. 친구는 모든 문화에 공통되는 도덕관념을 인정하면서도 이에 대한 다른 설명을 제시할지도 모른다. 바로 진화이다. 인간이 대략 비슷한 속도로 진화하기 때문에 다른 문화들이 비슷한 도덕규범을 만들어 낸 것일 수도 있지 않은가? 도덕은 그저 살아남기 위해 필요한 본능일 뿐이며, 진화를 통해서 인간은 결국 도덕적으로 동일한 수준에 도달하게 된다는 것이다.

기독교 철학자 스티븐 에번스는 "다양한 본능과 사회적인 감정을 설명하기 위해서 진화의 개념을 사용하는 것은 생각해 볼 수 있는 일이다"라고 주장한다. 하지만 에번스는 우리의 심층적인 도덕의식이 단지 하나의 본능에 불과한 것은 아니라고 설명한다. "그것은 그 자체로 우리의 본능이 선한지 악한지를 판단하는 기준이 되기 때문에 본능이 아니다."[8]

본능이 서로 충돌할 때

인종주의의 근원과 이와 관련된 오해를 도발적으로 폭로하는 영화 「크래쉬」는 아카데미 영화제에서 최우수 작품상을 받았다. 영화 속한 장면에서 인종주의자인 백인 경찰관(맷 딜런 분)은 흑인 부부의 차를 세우고 남편에게 현장 음주 테스트를 실시한다. 부인이 항의하기위해 차 밖으로 나오자 경찰관은 부인을 강제로 차에 기대게 하고

이렇게 답하라 예화로 풀어보는 기독교 변증

몸수색을 핑계로 부인의 몸을 더듬는다. 부인을 성적으로 희롱하면서 남편에게 자신을 멈출 수 있으면 그래 보라고 도발한다. 이 사건으로 혐오감을 느낀 딜런의 파트너는 순찰차를 바꿔 달라고 요구한다.

다음 날, 딜런은 고속도로 상에서 차량이 전복된 사고 현장에 도착한다. 차가 충돌했고 기름이 새고 있어서 폭발하기 직전이었다. 딜런은 차 안에 꼼짝하지 못하고 갇혀 있는 운전자를 돕기 위해 기어 들어 간다. 둘이 눈을 마주쳤을 때 딜런은 그 운전자가 자신이 전날 밤 성희롱했던 그 여인임을 알게 된다. 딜런을 알아보고 그 부인은 소리친다. "만지지마!" 다른 경찰관들이 폭발하기 전에 차에서 나오라며 딜런에게 소리친다. 이 경찰관이 어떤 본능을 강하게 느꼈을지 상상해 보라. 생존 본능은 그 경찰관에게 위험으로부터 벗어나라고 말한다. 보존 본능은 부인이 죽도록 내버려둬서 그를 고소하지 못하게 하면 더 좋을 것이라고 말한다. 그러나 여자를 구하려고 하는 본능이 더 강했던 것 같다. 그렇게 **해야만 했기** 때문이다. 고발될 위험과 죽음의 위협을 무릅쓰고 딜런은 부인을 차에서 끌어낸다. 진화의 개념을 통해서는 본능을 초월하는 도덕적 **당위**를 설명할 수 없는 것이다.

도덕적 절대 가치에 대한 거부

대화의 마지막 단계는, 상대로 하여금 우리가 주장하는 논증을 거부하는 것이 무엇을 의미하는지를 깨닫게 해주는 것이다. 만약 도덕적 절대 가치라는 관념을 거부할 때, 그 사람은 이러한 거부가 초래하는 부정적인 결과와 씨름해야만 한다.

두 가지 결과에 대해 생각해 보자.

첫째로, 도덕적 절대 가치를 거부할 때 사회적 실천이 불가능해진다. 코널 웨스트는 "풍성한 삶이란 세상을 지금보다 조금 더 낫게 만들려고 노력하는 삶이다"라고 말했다.[9] 우리는 대부분 웨스트의 말에 동의할 것이다. 그러나 우리가 세상을 더 나은 곳으로 만들기 위해 노력하는 그 순간 우리는 중요한 철학적 난관에 봉착하게 된다. 누구의 기준에 따라 세상을 더 낫게 만들어야 하는가? 어떤 난관인지 알겠는가? 우리는 세상을 더 나은 곳으로 만들기를 원한다. 하지만 누가 우리에게 그렇게 할 수 있는 권리를 주었는가?

법은 정의로운가?

버밍햄의 교도소에 들어간 마틴 루서 킹은 점점 더 화가 났다. 딸에게 새로 생긴 놀이공원인 펀타운(Funtown)에 유색인종 어린이는 들어갈 수 없다는 사실을 말해 주었을 때, 아이의 얼굴에 비친 슬픔에 대해 생각했다. "백인 전용" 모텔에서 자신의 가족을 재워 주지 않아 온 가족이 차 안에서 자야 했던 때를 생각했다. 킹 목사는 인종 분리를 가능하게 한 법이 잘못된 것임을 알고 있었다. 하지만 킹 목사가 무슨 권리로 이러한 법에 도전할 수 있을까? 도덕이 한 문화의 사회적 계약에 의해 결정되는 것이라면, 킹 목사가 앨라배마의 인종주의적인 법에 도전하는 것은 비윤리적인 행위라고 할 수밖에 없을 것이다. 하지만 킹은 이 땅의 법에 도전했다.

"버밍햄 교도소에서 보낸 편지"라는 유명한 글에서 무엇 때문에 자신이 사회적 실천에 참여하게 되었는가를 설명하였다. 킹 목사는

   이렇게 답하라 예화로 풀어보는 기독교 변증

"정의로운 법이란 하나님의 도덕법과 일치하는 인간이 만든 규범이
다. 불의한 법은 그 도덕법과 조화를 이루지 못하는 규범인 것이다"
라고 하면서, "인종적 편견이라는 어두운 구름이 곧 사라지고" 그
대신 "사랑과 우애라는 빛나는 별"이 나타나기를 소망하며 자신의
편지를 마무리했다.[10]

도덕적 절대 가치에 대한 믿음에 뿌리 내린 킹 목사의 사회적 실천
은 인종차별적인 앨라배마 법률을 철회하게 만드는 데에 크게 기여했
다. 하나님의 도덕법에 대한 믿음이 없었다면 그의 활동은 정당화될
수 없었을 것이다.

**둘째로, 도덕적 절대 가치를 거부할 때 우리는 도덕적인 분노조차
품을 수 없게 된다.** 우리는 개인이나 사회의 추론과 관계없이 어떤 행
위가 악하다는 신념을 가지고 있기 때문에 도덕적인 분노를 느끼게
된다. 어떤 행위는 악하다는 이유만으로도 허용되어서는 안 되는 것
이다.

「제비뽑기」

셜리 잭슨의 단편소설 「제비뽑기」에서 마을 사람들은 1년에 한 차례
씩 모여 끔찍한 의식을 치른다. 마을에서 한 사람을 뽑아 살해하기
위해 모이는 것이다. 제비뽑기를 통해 결정된 한 사람은 풍년을 위
해 바쳐지는 인간 제물이 된다.

셜리 잭슨은 검은 점이 그려진 종잇조각을 뽑은 여인을 생생하게
묘사한다. 비록 그 여인은 아내이고 어머니였지만 제물이 되어야만
했다. 여인은, "이것은 공정하지 않아요. 이것은 옳지 않아요"라며

애원한다. 그러나 아무도 그 울부짖음에 귀를 기울이지 않는다. 여인의 남편과 자녀들을 비롯한 마을 사람들은 돌멩이를 주워 든다. 여인은 돌멩이 세례를 받아 죽게 된다. 마을 사람들은 농작물을 위해 산산이 조각난 시신을 남겨 둔다.

1948년에 이 소설이 처음으로 출판되었을 때, 출판사에는 이에 대해 항의하는 편지가 쇄도했다. 히틀러 이후의 시대를 살고 있던 사람들은 죄 없는 희생자를 야만적으로 살해하는 이야기를 그리는 이 소설에 대해 분노했다.

시대가 변한 것 같다.

1970년대부터 문예 창작을 가르쳐 온 남가주의 문학교수인 케이 호거드는 그런 변화를 체감했다. 호거드가 처음으로 「제비뽑기」를 글쓰기 견본으로 사용했을 때 학생들은 인신 제물이라는 소재에 대해 분노했다. 하지만 학생들의 분노가 점차 약해지는 것을 느낄 수 있었다. 호거드 교수는 어떤 수업에서는 학생들이 아무런 반응을 보이지 않아서 놀라기도 했다. 한 학생은 "결말이 깔끔하다"라고 평했다. 다른 학생은 "이것은 그들의 의식이었다"라고 말했다. 호거드가 이런 행위에 대한 자신의 반대 의견을 이야기하자 한 학생은 이렇게 대답했다. "음, 나는 우리 병원 직원들에게 다문화적인 이해에 관한 강의를 하고 있어요. 만약 그것이 한 사람의 문화의 일부라면 그에 대해서 판단하지 말라고 가르치죠. 그리고 만약 그것이 그들에게 순기능을 하는 것이라면……"

호거드는 할 말을 잃고 앉아 있었다. 호거드는 「고등교육신문」에 기고한 글에서 "스무 명이 넘는 그 똑똑한 수강생 중에서 위험을 무릅쓰고 인신 제물에 반대하는 주장을 펼치는 사람은 단 한 사람도 없

 이렇게 답하라 예화로 풀어보는 기독교 변증

었다"라고 말했다. 11)

도덕적 분노라는 것이 존재하기 위해서는 어떤 것들(인종주의, 테러, 성차별, 인신 제물)은 도덕적으로 비난 받아야 마땅하다는 신념이 반드시 있어야만 한다. 그러나 위에서 예를 든 이 농촌 마을의 의식을 초월하여, 이 의식을 판단할 도덕적 기준이 없다면 우리는 어떻게 그들의 관습을 판단하거나 반대할 수 있겠는가?

결론

새로운 직업을 얻을 기회가 왔다. 이력서를 제출할 시간이다. 당신은 예수의 정신에 따라서 이력서를 작성할 것인가? 아니면 마키아벨리의 정신을 따를 것인가?

도덕이 개인에 의해 결정되는 것이라면, 당신은 자유롭게 어느 쪽이든 결정할 수 있다. 하지만 조심하라. 마키아벨리를 선택한다면 먼저 해야 할 일이 있다. 바로 당신의 양심을 죽여야 한다. 스탠리 빙은 "양심을 말살하는 것은 우리가 배워서 행할 수 있는 가장 어려운 일 중의 하나이다"라고 말했다. 진짜 마키아벨리주의자가 된다는 것은 곧 하나님이나 초월적 책임과 같은 관념을 완전히 무시하고 자신밖에 모르는 아기처럼 행동하는 것이다. 빙은 이렇게 결론을 내린다. "당신도 당신 안에 있는 아기를 찾아 밖으로 *끄집어냄*으로써 양심을 말살할 수 있다. 당신이 점점 더 어려질수록 마음속에서 나쁜 행동에 대해 스스로 벌하는 부분이 점점 더 사라지는 것을 알 수 있을 것이다. 이 얼마나 기분 좋은가! 이제 무엇이든 마음대로 할 수 있게 될 것이다." 12)

히틀러의 경우에 무엇이든 할 수 있는 자유에는 히틀러가 열등하다고 생각했던 수많은 사람들을 학살하는 것까지 포함되었다. 「제비뽑기」에 나오는 마을 사람들의 경우에 무엇이든 할 수 있는 자유란 인신제물을 바치는 의식에 참여하는 것을 뜻했다. 당신에게는 안 된 일이지만 양심을 말살한다는 것은 일자리를 놓고 당신과 경쟁하는 사람이 마음대로 이력서를 거짓말로 도배할 수 있다는 말이다. 결국 마키아벨리라면 그렇게 했을 것이다.

그리스도인들은 하나님의 도덕법에 일치하는 양심을 가지고 있다는 것이 하나님의 형상으로 지음을 받았다는 가장 중요한 증거가 된다고 믿는다. 양심은 옳고 그름을 가려내는 우리 내면의 목소리이며, 우리로 하여금 정의를 추구하고 악에 반대하도록 격려한다.

더 읽어볼 책

신원하, 『시대의 분별과 윤리적 선택』 (SFC출판부, 2004).

노먼 가이슬러 · 라이언 스너퍼, 『기독교 윤리로 세상을 읽다』 (사랑플러스 역간, 2009).

리처드 마우, 『무례한 기독교』 (IVP 역간, 2004).

월터 카이저, 『이렇게 가르치라』 (새물결플러스 역간, 2009).

크리스토퍼 라이트, 『현대를 위한 구약윤리』 (IVP 역간, 2006).

10장
아직도 창조를 믿니? (1)

인간의 눈은 2만 개가 넘는 부분으로 구성되어 있으며, 정상적인 상태일 때 20킬로미터가 넘는 거리에서도 촛불 하나가 내는 빛을 볼 수 있다.

인간의 귀는 10옥타브 음역의 약 40만 개의 소리들을 구별할 수 있으며, 바이올린과 비올라 소리의 섬세한 차이를 구분할 수도 있다.

인간의 심장은 평생 약 1억5천8백9십만 리터의 피를 펌프질한다. 이는 초대형 유조선 세 대를 가득 채우고도 남는 엄청난 양이다.

이러한 사실을 통해서 우리는 무엇을 말할 수 있을까?

당신이 하나님을 믿는다면 이러한 사실들은 명백한 진리 하나를 확인시켜 준다. 바로 우리가 지혜로운 설계자의 작품이라는 것이다. 당신은 시편 기자와 더불어 "나를 지으심이 심히 기묘하심"을 찬양할 수 있을 것이다(시 139:14).

하지만 인간의 몸에 관한 이런 놀라운 사실들을 놓고 수십억 년에 걸친 진화적인 발전의 결과라고 생각하는 사람들도 있다. 그들은 하나님에 대한 믿음이, 신앙으로 과학을 대체하려는 순진한 시도일 뿐이라고 생각한다.

이러한 의견의 불일치가 얼마나 심각한 것이었는지 법정과 학교 교과과정에까지 영향을 미쳤다. 「타임」에서는 "진화론 전쟁"이라는 제목의 표지 이야기를 통해 이러한 불일치를 다룬 바 있다.[1]

하나님이 우리와, 우리가 사는 이 세상을 설계하셨다는 우리의 깊은 확신을 어떻게 소개해야 할까?

지적 설계 논증

지적 설계 논증은 세 가지 상식적인 생각에 기반을 둔 것이다. 첫째로, 설계가 있는 곳에는 언제나 설계자가 있다. 둘째로, 우리의 몸과 우리 주변의 세계를 볼 때 설계의 분명한 흔적이 있다. 셋째로, 우리가 자신과 세계에서 확인할 수 있는 설계는 지적인 설계자에게 속해야 한다.

우리의 몸이나 떠오르는 해, 자궁 속에서 자라는 태아, 은하수 속에서 설계의 증거를 볼 때 이것이 그저 우연의 일치이거나 설명할 수 없는 과학적 사실일 뿐이라고 결론을 내릴 수도 있다. 아니면 컴퓨터나 카메라 혹은 그림의 설계를 설명할 때와 마찬가지로 상식적인 접근 방법을 사용해서 그것이 지적인 설계자의 작품이라고 이해할 수도 있다.

설계라는 관념이 앞으로 펼칠 논증의 핵심을 이루기 때문에 먼저 설계라는 말이 무엇을 뜻하는지를 정의할 필요가 있다. 이런 물음으로 대화를 시작해 보라. "어떤 것이 설계되었다고 말할 때, 그것은 무슨 뜻일까?" 친구에게 어떤 것에 대해 사전에 무언가를 고려하고 계획하고 의도한 증거가 있을 때, 그것을 설계라 부른다고 말해 주라.

러시모어 산

당신과 친구는 사우스다코타 주의 블랙 힐즈에서 등산을 하고 있다. 언덕을 오르다 당신의 걸음을 멈추게 하는 광경을 발견한다. 앞에는 바위에 새겨진 거대한 얼굴 넷이 서 있다. 각각의 머리는 6층 건물 높이이다. 얼굴은 네 명의 미국 대통령 조지 워싱턴, 토마스 제퍼슨, 시어도어 루스벨트, 에이브러햄 링컨을 꼭 닮았다.

이 웅장한 광경을 사진에 담고 나서 이 바위 얼굴의 기원에 관해서 당신은 어떤 결론을 내릴 것인가? 이 얼굴들이 어떻게 산의 경사면에 나타나게 된 것일까? 어떻게 우리는 이것을 합리적으로 설명할 수 있을까?

그것은 우연히 생겨났을지도 모른다. 수년에 걸쳐서 바람이 불고 돌멩이가 미끄러져 내려온 결과 이 네 얼굴이 나타났을지도 모른다. 그러나 바보 같은 소리처럼 들린다. 그렇지 않은가? 우리는 러시모어 산이 세 가지 설계의 요소, 즉 사전의 고려와 계획과 의도를 보여 준다는 것을 안다.

러시모어 산은 조각가 존 거츤 보글럼의 창작물이다. 보글럼은 미국에서 가장 존경 받는 대통령들의 기념물을 만들고 싶었다(의도). 보글럼과 400명의 일꾼들은 폭발을 통해 생겨난 360만 톤이 넘는 바위를 옮길 독창적인 장치를 개발했다(계획). 폭발을 시작하기 전에 설계자들은 각 대통령의 크기와 모양을 미리 그려 두었다. 대통령들의 코는 길이가 7.6미터이고 너비 5.5미터의 입 위에 위치했다. 대통령들의 눈은 각각 폭이 3.3미터였다. 조각상의 배율은 키가 142미터인 사람을 기준으로 했다(사전의 고려). 14년에 걸친 작업이 끝난 후에 네 얼굴상이 완성되었고 러시모어는 1941년에 대중에 공개되었다.

그리스도인들은 지적 설계의 논증을 전개하면서, 러시모어 산과 같은 인간이 만든 창작물에서 발견할 수 있는 것과 똑같은 의도와 계획과 사전의 고려를 복잡한 인간의 몸속에서도 발견할 수 있다고 주장한다. 러시모어 산의 조각상을 존 거츤 보글럼이 설계했다고 말하는 것과 마찬가지로, 우리는 우리의 몸에서 발견할 수 있는 설계의 흔적이 하나님의 솜씨를 보여 준다고 말해야 한다. 이런 논리는 1800년대에 윌리엄 페일리에 의해 완성되었다. 페일리는 기독교와 철학에 관한 몇 가지 중요한 책을 저술했으며, 그의 저작은 21세기에 이르기까지 케임브리지 대학교에서 필독서로 읽힌다. 페일리는 하나님이 인간의 몸을 정교하게 설계하셨다고 믿었다. 그리고 회의론자인 친구들에게 그의 믿음을 설득력 있게 전달하는 법을 찾아내고자 노력했다. 페일리에게는 솜씨 좋은 기술자가 시계, 탁자, 망원경을 세심하게 조립하는 것과 마찬가지로 하나님이 인간의 몸을 만드셨다는 사실이 매우 명백해 보였다.

인간의 눈과 망원경

페일리에게 한 가지 생각이 떠올랐다. '친구들을 위해서 장인이 만든 것과 하나님이 만드신 것 사이의 비슷한 점을 목록으로 만들어 보는 것이 어떨까?' 그는 망원경과 인간의 눈을 선택했다. 페일리는 인간의 눈에 대한 연구를 마친 후에 친구들에게 눈과 고성능 망원경

사이의 유사점에 대한 목록을 소개해 주었다.

- 눈은 보기 위해 만들어졌다. 망원경은 시각을 보조하기 위해 만들
어졌다.

- 둘 다 그 기능과 목적을 수행하기 위해 정교한 렌즈를 사용한다.

- 둘 다 빛을 반사하고 조작한다.

- 둘 다 물체에 대해 초점을 맞출 수 있다. 눈의 부드러운 수정체를
둘러싼 근육은 물체에 초점을 맞추고, 망원경은 렌즈를 움직이기 위
해 눈금반을 사용한다. [2]

페일리는 친구들에게 이 목록을 소개한 다음 망원경은 장인이 만들
었지만 눈은 그렇지 않다고 믿는 것이 과연 합리적인지 생각해 보라고
말했다. 당신도 친구나 직장 동료에게 똑같은 질문을 던질 수 있다. 만
약 망원경과 인간의 눈이 둘 다 계획, 사전의 고려, 의도의 증거를 드러
낸다면 둘 다 설계의 산물이라고 생각해야 하지 않겠는가? 그렇다고
대답한다면, 상식적으로 우리는 설계가 있는 곳에 설계자가 있다는 것
을 알 수 있다.

페일리가 망원경과 인간의 눈을 비교함으로써 얻어낸 결론(둘 다 창조
적인 지성의 작품이다)이 설득력 있다고 생각한다면, 이에 대한 주요한 반
대에 대해 어떻게 대응할지 준비하도록 하라. 진화론자들의 반론은 이
대화에서 당신이 전개하는 논증에 대한 심각한 도전이다.

진화론적인 반론

당신의 친구는 페일리처럼 인간의 눈이 대단하다고 생각하지만

눈의 설계를 다른 방식으로 설명할 수 있다고 생각할지도 모른다. 수백만 년의 진화를 거쳐 인간의 눈이 놀랄 만큼 복잡하고 정교해졌다는 것이다. 이런 핵심적인 신체 기관이 없었다면 인간이라는 동물이 살아남을 수 없었을 것이라고 말한다.

이에 대해 당신은 어떻게 대응해야 할까?

아래의 두 가지 대답을 사용해 보기 바란다. 각각의 대답은 진화론이라는 어려운 문제를 각각 다른 방식으로 다룬다.

대답 1: 링컨의 접근법. 한번은 에이브러햄 링컨이 논쟁을 하던 중 가장 중요한 한 가지만 빼고 자신의 반대자의 모든 논점에 동의할 수 있다고 말한 적이 있다. 링컨의 전략은 종종 논쟁에서 상대편을 불안하게 만드는 효과를 발휘했다. 링컨의 방법을 빌려 와 기독교 철학자인 스티븐 에번스는 논증을 목적으로 진화론이 참이라고 인정했다. 에번스의 논점은 예상치 못한 것인 동시에 설득력 있는 것이었다. 그는 그저 진화론이 하나님의 설계나 그분의 존재로부터 도출된 논증과 논리적으로 양립할 수 있는 것이라고 주장했다. 에번스는 이렇게 묻는다. 하나님이 명령을 통해서 창조를 이루셨는지, 아니면 이른바 진화라는 "복잡하고 난해한 일련의 질서정연한 자연적 과정을 통해서" 그렇게 하셨는지가 왜 그리 중요한가?3) 설령 진화가 참이라고 하더라도 진화 속에서 발견되는 질서와 설계에 대해서는 여전히 설명해야 할 필요가 있다. 설계되었다는 증거가 확인되는 한, 그 물체가 빨리 만들어졌는지 늦게 만들어졌는지, 혹은 설계자가 그의 작업을 수행하기 위해 어떤 단계를 밟았는지는 중요하지 않다. 어떤 경우이든 우리는 여전히 그것이 지적 존재의 산물임을 확인할 수 있기 때문이다.

이런 대답의 강점은 당신의 친구가 제기하는 반론의 핵심을 무력화시킬 수 있다는 것이다. 친구는 진화론을 언급한 것만으로도 당신이 수세적으로 나올 것이라고 예상할 것이다. 의사소통 전문가 로저 피셔와 윌리엄 유리는 사람들이 인식과 불일치하게 행동할 수 있는 방법을 찾으려 한다고 주장한다. 그들은 "인식을 바꿀 수 있는 가장 좋은 방법은 예상하는 것과 다른 메시지를 보내는 것이다"라고 말한다.[4] 당신이 보내는 메시지는, 설령 진화론이 참이라는 것이 증명되더라도 반드시 그것 때문에 하나님을 포기해야 할 필요는 없다는 것이다. 진화론은 진화 그 자체에 복잡한 설계가 개입되었음을 설명해야만 하는 이론이라는 것이다. 그 설계의 근원이 하나님이 아니라면 또 무엇이겠는가?

대답 2: 다윈의 기준을 통한 진화론 비판. 두 번째 대답은 많은 그리스도인들과 비그리스도인들이 진화론의 타당성에 의문을 품는 까닭에 초점을 맞춘다. 과학자로서 찰스 다윈은 어떤 이론이든 그 이론을 뒷받침하거나 그에 대한 신뢰도를 떨어뜨릴 분명한 기준이 있어야 한다는 것을 알았다. 『종의 기원』에서 다윈은 자신이 생각하는 진화론에 대한 판단의 기준을 다음과 같이 밝혔다. "만약 무수한 일련의 사소한 변화를 통해서 형성되지 않은 어떤 복잡한 기관이 존재한다는 것이 증명될 수 있다면, 나의 이론은 절대적으로 무너지고 말 것이다."[5]

다윈이 놀라울 정도의 솔직함을 보여 준 것은 사실이지만, 많은 생물학자들은 이 장에서 이미 살펴본 기관, 즉 인간의 눈이 바로 다윈이 말한 그런 복잡한 기관이라며 다윈을 비판한다. 정말로 눈은 다윈을 당혹하게 할 만한 신체 기관이다. 지적 설계론의 주창자인 마이클 비히는 이렇게 설명한다.

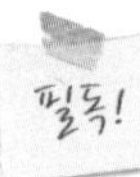

그 시대의 생물학자들은 눈이 수정체나 망막, 눈물관, 안구 근육 등의 많은 구성 요소를 포함하는 매우 복잡한 구조물이라는 것을 알고 있었다. 만약 어떤 동물이 이 구성요소들 중 하나라도 없이 태어나게 된다면 그로 인해 시력이 심각하게 손상되거나 아예 실명이 될 것이라는 것을 알고 있었다. 그렇기 때문에 자연 선택이 요구하는 수많은 단계를 통해서 그런 복잡한 구조물이 생겨날 수 있을 것이라고 믿지 않았다.[6]

다윈은 눈의 존재가 자신의 이론에 심각한 문제를 제기하고 있다는 것을 알았다. 다윈은 사적인 편지에서 이렇게 솔직하게 털어놓기도 했다. "요즘은 눈 생각만 하면 몸서리가 처질 지경입니다."[7]

왜 다윈은 눈에 대해 그리 신경을 썼을까? 눈이 **환원할 수 없을 정도로 복잡하기** 때문에 눈의 설계는 진화론에 여러 가지 문제를 제기했던 것이다.

환원할 수 없을 정도로 복잡하다는 말은 어려운 말처럼 들리지만 사실 이것은 상당히 단순한 개념을 표현하는 말이다. 환원 불가능한 복합체란 "기본적 기능을 위해 서로 잘 들어맞고 상호 작용을 잘 하는 몇 개의 부분으로 구성된 하나의 구조를 의미하며, 이러한 복합체는 그 부분 중 어느 하나라도 없으면 그 구조는 더 이상 효과적으로 기능할 수 없게 된다."[8]

모 아니면 도 쥐덫

비히는 간단한 예를 통해 환원할 수 없을 정도로 복잡한 구조를 설명한다. 바로 흔히 볼 수 있는 쥐덫이 그 예이다.

 이렇게 답하라 예화로 풀어보는 기독교 변증

철물점에서 살 수 있는 쥐덫은 일반적으로 하나의 나무판으로 되어 있고 다른 모든 부품은 그 나무판에 부착되어 있다. 거기에는 용수철도 달려있는데, 한쪽 끝은 나무판에 붙어 있고 다른 한쪽 끝은 쥐가 걸려들었을 때 쥐를 꼼짝 못하게 짓누르는 기능을 하는 해머라고 부르는 금속 부품에 연결되어 있다. 해머를 아래로 누르면 쥐가 그리로 지나갈 때까지 그 위치에 그대로 있어야 하는데, 지지대가 그 역할을 한다. 지지대의 끝 부분도 고정되어 있어야 하기 때문에 그것 역시 걸쇠라는 금속 조각에 붙어 있다.[9]

그런 다음 비히는 이렇게 묻는다. 만약 용수철이 없다면 쥐덫은 얼마나 제대로 작동할까? 해머가 없다면? 나무판이 없다면? 비히는 이렇게 대답한다. 아무것도 잡을 수 없다! 만약 쥐덫에서 부품이 하나라도 없다면 그것은 전혀 작동하지 않는다. 하지만 진화론에서는 쥐덫이 서서히 한 단계씩 진화할 수 있다고 주장하는 셈이다. 말하자면 나무판에서 해머로, 그 다음에는 용수철로 발전하게 된다는 것이다. 여기에 문제가 있다. 다윈에 따르면 쥐덫의 각 부분은 그것 하나만으로도 제 기능을 할 수 있어야 한다. 하지만 쥐덫의 목적은 쥐를 잡는 것인데, 나무판 하나, 용수철 하나만 있다면 무슨 소용이 있겠는가?[10]

쥐덫을 설명하는 논리가 눈의 경우에도 그대로 적용될 수 있다. 망막 하나만으로 무슨 소용이 있겠는가? 수정체 없이 안구 근육이 무슨 기능을 할 수 있겠는가? 환원 불가능한 복합체인 눈은 전체가 하나로서 기능해야 한다. 그렇지 않으면 아무 소용이 없다. 그런데 다윈에 따르면 눈은 전체가 하나로 생겨난 것이 아니어야 한다. 그렇지 않으면 자신의 이론에서 정한 기준에 위배되기 때문이다.

비히의 쥐덫 예화가 정교하게 잘 만들어진 것이기는 하지만 친구는 미지근한 반응만 보일 수도 있다. "좋아. 쥐덫의 일부만으로는 쥐를 잡을 수는 없지. 그런데 그게 어쨌단 말이야?" 아래의 예화는 친구를 기능 고장이 발생한 보잉 747기로 안내한다. 이를 통해 그에게 1만 미터 상공에 떠있는 환원 불가능한 복합체의 중요성에 대해 다시금 생각해 보게 할 수 있을 것이다.

모 아니면 도 보잉 747기

한 잡지 기사에서 래리 채프먼은 이렇게 회상하였다.

시애틀에서 로마로 가는 비행기를 타고 1만 미터 상공에서 그린란드를 내려다보다 깜빡 잠이 든 순간 비행기에서 나는 이상한 소음을 듣고 선잠에서 깨어났다. 갑자기 이 거대한 보잉 747기에서 작은 부품 하나에 이상이 생긴다면 무슨 일이 일어날지 궁금해졌다. 엔진과 유압장치, 공기압, 이 모든 것은 상호 의존적인 수많은 부품들이 제대로 작동할 때에만 온전히 기능할 수 있는 복합체이다. 기내에서 나오는 과자를 먹으며 평정을 찾아보려했지만 그것은 위안이 되지 못했다. 이어서 나는, 광고에 나오는 것처럼 세상에서 보잉 747기를 가장 사랑할 것 같고 언제나 나의 안전만 생각하며 열심히 일하는 보잉사의 모든 직원들, 아니 "보잉의 가족들"에 대해서 생각했다. 하지만 이런 생각이 머릿속에서 떠나지 않았다. '만약에 부품이 하나라도 잘못되거나 없어진다면 나는 그린란드에 떨어진 최초의 폭탄이 되고 말겠지.' 어떤 의미에서 생물학적 조직체는 보잉 747기와 비슷하다. 구성요소 하나라도 빠지거나 결함이 생기면 그것은 제대로 기능을 할 수가 없다. 바로 이것이 다윈의 발목을 잡았던 문제였다. 어떻게 눈처럼 고도로 복잡하고 상호의존적인 생물학적 조직체가 오랜 시간에 걸쳐 서서히 발전할 수 있었을까? 이런 것들은 완벽하게 발달하기 전에는 결코 제 기능을 할 수 없었을 것이다.[11]

이 예화들 중 한두 가지를 소개한 다음 친구로 하여금 다윈이 제시한 이론에 대한 판단 기준을 다시 한 번 생각해 보게 하라. 다윈은 "만약 무수한 일련의 사소한 변화를 통해서 형성되지 않은 어떤 복잡한 기관이 존재한다는 것이 증명될 수 있다면, 나의 이론은 절대적으로 무너지고 말 것이다"라고 말했다. 모든 것을 고려해 볼 때 눈이 다윈의 학설을 무너뜨리기에 충분할 정도로 복잡하다고 생각하는지 상대방에게 물어보라. 그로 인해 다윈의 이론이 가진 타당성이 크게 약화되었다면, 그 다음에는 어떤 대안이 존재하겠는가?

성경은 다윈에 대한 강력한 대안을 제시한다. 시편 139편에서 다윗은 인간의 몸을 지으신 하나님의 설계와, 정교한 바구니를 짜는 솜씨 있는 장인의 기술을 비교한다. "주님께서 내 속 내장을 창조하시고, 내 모태에서 나를 짜 맞추셨습니다"(시 139:13, 표준새번역). 자신의 뼈대와 혼과 영을 지으신 하나님의 솜씨에 대해서 다윗은, 하나님이 자신을 "지으심이 심히 기묘(하시다)"라고 선포한다(시 139:14).

위대한 설교자였던 찰스 스펄전도 다윗처럼 인간의 몸에 경탄한다. 스펄전은 이렇게 말했다. "우리는 매우 놀랍게 지음을 받았습니다. 그러므로 우리의 몸은 기술과 솜씨, 설계, 목적에 대한 수단의 적용에 있어, '기술과 인간의 장치'로 만든 그 어떤 기계나 인간이 상상할 수 있는 가장 기이하고 복잡한 기계 장치보다도 더 뛰어납니다."[12]

인간의 몸이 하나님이 지으신 유일한 피조물인 것은 아니다. 다음 장에서는 우리가 살고 있는 지구의 설계와 복잡성에 대해서 살펴볼 것이다.

11장
아직도 창조를 믿니? (2)

지구가 자전하는 데에 24시간 이상이 걸린다면, 일출과 일몰 사이의 기온차가 너무 심해서 생명이 존재할 수 없을 것이다.

지구의 자전 주기가 약간만 짧아져도 바람이 위험한 속도로 불 것이다.

지구의 산소량이 약간만 적어도 우리는 질식할 것이다. 산소량이 약간만 많아도 불이 저절로 붙을 것이다.

어떻게 하면, 생명이 존재하기에 딱 알맞은 장소가 지구라는 것을 드러내는 이러한 놀라운 사실들을 가장 잘 설명할 수 있을까? 우리가 사는 지구는 우연의 산물일까, 설계의 산물일까? 그리스도인들은 우리가 지구에 대해 더 많이 알수록 지구는 우리를 염두에 두고 만들어졌다는 것을 알게 된다고 주장한다. 어떻게 우리는 회의론자인 친구들에게 우리가 사는 지구가 우리의 몸과 마찬가지로 하나님의 솜씨 있는 작품이라는 사실을 설득시킬 수 있을까?

지구가 아니라 붉은 행성, 즉 화성으로부터 이야기를 풀어가는 것이 좋을 것이다. 친구에게 이 예화를 소개하라. 친구는 유인 화성 탐사의 일원이 되는 상상을 해보게 될 것이다.

화성의 생명체

이 책을 쓰고 있는 지금 러시아의 과학자들은 2016년에서 2020년까지 진행될 화성 탐사를 준비 중이다. 이번 임무에는 러시아, 일본, 미국의 우주인들이 참여할 예정이고 임무를 완수하기까지는 2년이 걸릴 것이다. 그 중에서 18개월은 화성까지 갔다가 다시 돌아오는 데에 소요된다. 우주인들이 그곳에 도착하면 무엇을 발견할까? 생명의 흔적? 인간에게 적합한 환경?

물리학자 로빈 콜린스는 인간 우주 여행자들이 화성에 도착했을 때 완전히 기능하고 생명체가 지속할 수 있는 생물학적 환경이 있을 것이라고 상상해 본다. 우주인들이 화성의 생물학적 환경에 들어가게 될 때 그들은 이 환경을 통제하는 일종의 제어판을 발견한다.

제어판에는 이 환경의 모든 지침반이 생명체에 적합하게 맞추어졌음을 발견하게 된다. 산소의 비율은 완벽하고, 기온은 섭씨 20도로 맞추어져 있다. 습도는 50퍼센트이고, 산소를 보충하는 장치도 있다. 식량을 생산하고 전력을 공급하고 물을 버릴 수 있는 장치도 있다. 각각의 지침반은 조작할 수 있는 폭이 상당히 크며, 한두 가지를 약간만 잘못 조작해도 그 환경은 균형이 깨지고 생명체가 존재할 수 없다는 것

이렇게 답하라 예화로 풀어보는 기독교 변증

을 알 수 있다.[1]

친구에게 우주인처럼 화성을 돌아다닌다고 상상해 보라고 말하라. 친구는 어떤 결론을 내릴까? 그런 환경은 우연히 그렇게 존재하는 것이 아니라는 결론을 내릴 것이다. 이 생물학적 환경은 앞 장에서 언급한 세 가지 설계의 흔적, 즉 사전의 고려, 의도, 계획을 나타내기 때문이다. 틀림없이 이런 환경은 화성인들에 의해 창조되고 유지되는 복잡한 구조일 것이다. 제어판의 지침반은 생명체를 유지하도록 완벽하게 조정되어 있다. 지침반 중 하나라도 잘못되면 생명체는 존재할 수 없을 것이다.

친구에게 다른 시나리오에 대해 생각해 보라고 말하라. 화성인들이 우리의 환경을 관찰하기 위해 지구를 방문한다고 상상해 보게 하라. 이 화성인 탐사자들은 아래의 사실로부터 어떤 결론을 내릴 것이라고 생각하는가?

지구상의 생명체

우리가 살고 있는 이 놀라운 행성에 관한 아래의 사실에 대해 생각해 보라.

- 지구는 태양계에서 우리가 숨을 쉴 수 있는 유일한 행성이다. 화성이나 금성과 같은 다른 행성에서는 숨을 쉬려고 하는 즉시 생명에 치명적인 위험을 당할 것이다.

- 지구가 태양에 단 1퍼센트만 더 가까웠어도 대양이 증발해 버리고 생명이 존재할 수 없었을 것이다. 반면에 지구가 태양에서 단 2퍼센트만 더 멀어졌어도 대양이 다 얼어붙었을 것이다.

- 지구는 생명체에 필수적인 물을 풍부하게 가지고 있다.

- 오존층이 생명체가 살아가는 데에 딱 알맞은 두께이기 때문에 지구상의 생명체가 살아남을 수 있다. 하지만 오존층이 더 두꺼우면 자외선이 너무 적어서 식물이 제대로 자랄 수 없을 것이다. 반대로 오존층이 더 얇다면 자외선이 너무 많아서 식물이 제대로 자랄 수 없고 생명체도 존재할 수 없을 것이다.[2]

이러한 사실을 소개한 다음 상대방에게 화성인 탐사자들이 어떤 결론을 내릴 것이라고 생각하는지 물어보라. 그들이 꼼꼼하게 설계되고 정교하게 균형이 맞는 지구의 환경을 관찰하고 나서 지구가 우연히 존재하는 것이라고 생각하게 될까? 아니면 탐사자들이 자신들을 위해 생물학적 환경을 설계한 것처럼 누군가가 지구를 세심하게 설계했다는 결론을 내리게 될까? 이들 화성인 탐사자들은 분명히 물리학자 폴 데이비스와 동일한 결론에 이를 것이다. 데이비스는 우주의 정밀한 구조 때문에 우주가 "상당히 정교하게 구상된 것이며 우주적 설계의 강력한 증거가 된다고" 믿게 되었다고 주장한다.[3]

그러나 화성의 생물학적 환경을 제어한 것이 화성인들이었다면, 지구상에서 생명이 존재할 수 있는 조건을 정확하게 맞추어 놓은 존재는 누구란 말인가? 하나님은 욥의 물음에 대답하시며 이렇게 말씀하신다. "내가 땅의 기초를 놓을 때에 네가 어디 있었느냐 …… 누가 그것의 도량법을 정하였는지, 누가 그 줄을 그것의 위에 띄웠는지 네가 아느냐"(욥 38:4-5). 하나님이 지구를 창조하실 때 그분은 인간의 생명이 존재할 수 있도록 완벽하게 균형을 맞추어 놓으셨다.

이렇게 답하라 예화로 풀어보는 기독교 변증

반론: 하나님의 설계인가, 우연인가?

어쩌면 이 대화를 하는 도중에 친구는 당신의 설명에 대한 흥미로운 반론을 제기할지도 모른다. 친구는 지구가 놀라울 정도로 복잡하며 분명한 설계의 증거를 보여 준다는 사실을 부인하지 않을 것이다. 단지 어떻게 지구가 현재의 상태에 이르게 되었는지에 관해서만 우리와 의견을 달리할 것이다. 친구는 "우리가 그저 운이 좋아 생명체를 유지할 수 있는 우주 속의 유일한 행성에 태어난 것일 수도 있지 않을까?"라고 말할지도 모른다.

재미있는 점은 매우 똑똑한 사람들 중에도 이에 동의하는 사람이 있다는 것이다. 노벨상 수상자인 조지 월드도 그런 사람들 중 하나이다. 그는 「사이언티픽 아메리칸」에, "아주 오랜 시간이 흐르면 '불가능한' 것이 가능한 것이 되고, 가능한 것은 있을 법한 것이 되고, 있을 법한 것은 사실상 확실한 것이 된다. 그저 기다리기만 하면 된다. 시간이 스스로 기적을 행하는 것이다"라는 글을 기고했다.[4] 얼핏 그럴듯한 결론인 것 같다. 결국 충분히 오랜 시간이 주어진다면 **무슨 일이든지** 일어날 수 있는 것이다. 아무리 그런 가망이 없더라도 수십억 년이 흐른 후에 우리가 살고 있는 우주가 갑자기 존재하게 되고 지구상에 생명체가 나타날 수도 있다. 우주적인 복권에 당첨된 것처럼 말이다!

이에 대해서 당신은 어떻게 대답해야 할까?

우리는 **피드포워드**(feedforward)라는 의사소통 기법을 사용해 보기를 권한다. 이 기법은 한 사람이 그 사람의 신념을 포함하는 논리적인 결론을 이해하도록 돕는 것을 목표로 삼는다. 이 세상에 존재하는 압도적으로 많은 설계의 증거들이 우연적으로 나타났다고 주장하는 것과,

설계가 다른 상황 속에서 나타났을 뿐이라고 주장하는 것은 전적으로 다르다. 그림이나 정원에 잘 배치된 꽃들을 보면서 그저 우연히 나타났다고 생각하는 사람은 아무도 없다. 우리는 화가나 정원사의 솜씨에 찬사를 보낸다. 우주 로켓이나 달 탐사에 대해서도 마찬가지다.

우주 로켓-운인가, 설계인가?

철학자 피터 크리프트는 두 명의 과학자가 미국 항공 우주국(NASA)에서 첫 번째 달 탐사를 수행한 뒤 흥미로운 대화를 나누는 장면을 상상한다.

케이프 커내버럴(Cape Canaveral)에서 첫 번째 달 탐사 로켓을 발사할 때 두 명의 과학자가 이를 지켜보며 나란히 서 있다. 한 사람은 신자이며 다른 한 사람은 불신자이다. 신자가 "우리의 로켓이 달을 향해 우연히 날아갈 수 있다니 놀랍지 않아?"라고 말한다. 불신자가 이의를 제기한다. "우연이라니, 무슨 소리야? 이 로켓을 설계하는 데 수백만 명의 사람들이 기여했는데 말이야." 신자가 말한다. "아, 자네는 '우연'이 로켓에 대한 좋은 설명이 될 수 없다고 생각하는가 보군. 그렇다면 왜 우주에 대해서는 '우연'이 좋은 설명이 될 수 있다고 생각하는 건가? 우주에는 로켓보다 설계의 증거가 훨씬 더 많이 존재하지 않는가? 우리가 로켓은 설계할 수 있지만 우주 전체는 설계할 수 없지. 누가 그럴 수 있겠는가?" 5)

크리프트의 예화에서 그리스도인 과학자는 믿지 않는 동료의 생각을 미리 예측하고 그런 생각의 논리적 결론이 무엇인지를 보여 주는 피드포워드 기법을 훌륭하게 활용하였다. 즉, 우주 로켓이 의도와 사전의 고려와 세심한 계획의 결과물이라면, 우주도 그와 마찬가지라는 것이다.

천문학적인 숫자

다음 예화는 설계가 아니라 우연이라는 반론을 다른 각도에서, 즉 시각적인 측면에서 반박한다. 우리는 다른 네 감각을 다 결합한 것보다 시각으로부터 더 많은 정보를 얻는다. 우리가 얻는 모든 정보들 중 80퍼센트 이상은 시각으로부터 얻는 것으로 추정된다. 어떤 논증이나 예화가 설득력을 가지려면 문자 그대로 그것을 볼 수 있어야만 한다. 아래의 예화를 통해서 지구와 우주가 우연히 발생했을 가능성이 얼마나 희박한지 보여주도록 하라. 아래의 예화는 약간의 수학과 메모가 필요하다.

이 숫자의 의미

친구에게 이 우주가 완벽하게 균형을 이룬 변수를 가지고 우연히 발생할 가능성이 얼마나 될지 추측해 보라고 말하라. 펜을 가지고 종이나 냅킨에 다음의 숫자를 적으라. $10^{10^{(123)}}$. 별을 연구하는 일에 평생을 바친 도널드 페이지에 따르면 우주가 우연히 발생할 가능성은 $10^{10^{(123)}}$분의 1이라고 한다. 친구가 수학을 전공으로 박사학위를 받지 않았다면 그에게 이 숫자는 아무런 의미가 없을 것이다. 이 천문학적인 숫자가 무엇을 의미하는지를 이해하기 위해서는 약간의 설명이 필요하다.

우주가 처음 생겨난 후 지난 시간을 초로 환산하면 약 10^{18}초이다. 10^{18}은 10 뒤에 0이 열여덟 개 붙는 숫자이다. 점심 식사를 하며 냅킨

위에다 이 숫자를 써본다면 이런 모양일 것이다.

10000000000000000000.

그리고 우주 전체 안에 있는 원자 구성 입자의 숫자는 10^{80}이다. 이는 10 뒤에 0이 여든 개 붙는 숫자이다. 이를 써본다면 매우 인상적인 숫자가 될 것이다.

1000000000000000000000000000000000000000000000000000000000000000000000000000000000.

이제 냅킨은 0으로 가득하고 친구는 머리가 어질어질할 지경이다.

냅킨 한 장을 새로 집어서 페이지가 언급한 숫자를 쓰기 시작해 보라. 미리 경고하자면 당신은 결코 다 쓰지 못할 것이다. 왜? $10^{10(123)}$은 10 뒤에 10억 배의 10억 배의 10억 배의 0이 10억 배의 10억 배 반복되는 숫자이기 때문이다.

이 숫자가 얼마나 엄청난 숫자인지를 설명하면서 계속해서 0을 써내려가라. 우주가 시작할 때 이 숫자를 쓰기 시작했어도 아직 못 끝냈을 것이라고 말해 주라. 얼마 안 있어 냅킨은 이런 모습이 될 것이다.

100000000000000000000000000000000000000000000000000000000000000000000000000000000000000000000000000000000000000000000000000000000000000000000000000000……

페이지가 수학적 관점에서 볼 때 이 놀라울 정도로 복잡한 세계가 우연히 발생하는 것이 사실상 불가능하다고 주장한 이유를 이제는 이해할 수 있을 것이다.[6]

 이렇게 답하라 예화로 풀어보는 기독교 변증

문을 열고 들어오시는 하나님

우리가 살고 있는 세계가 우연히 생겼을 가능성이 절대적으로 희박하다면(0으로 가득한 냅킨을 기억해 보라), 왜 당신의 동료는 이렇게 희박한 가능성에 아직도 매달리고 있는 걸까? 어떤 이들은 당신이 제시한 사실에 대해서 의심하면서 계속 반론을 제시할 것이다. 또 다른 이들은 지적 설계자의 존재를 받아들인 후 그 다음 단계가 어떤 것인지 두려워할지도 모른다. 유전학자인 리처드 르원틴은 자신과 그의 동료들이 어떤 초월적인 능력에 의해 이 세계가 설계되었다는 개념을 거부하는 이유에 대해서 설명한다. 그 반대라는 증거가 존재함에도 불구하고, 자연을 초월하는 어떤 힘을 인정하는 것은 "신적인 존재가 문 안으로 발을 들이도록" 허용하는 것이기 때문이다.[7]

친구도 르원틴과 같은 두려움을 가지고 있을지 모른다. 지적 설계자의 가능성을 인정하는 것은 그 설계자가 그에게 요구하는 것을 인정하고 받아들여야 한다는 뜻이기 때문이다. 피터 크리프트는 "이 시점에서 필요한 것은 우주를 논리적으로 설명하는 것이 아니라 무신론자의 심리를 이해하는 것이다"라고 말한다.[8]

누가 시계를 만들었는가?

당신과 친구가 이 문제에 대해서 더 이야기해 보고 싶다면, 이제 지적 설계 논증과 동의어가 되어 버린 예화 하나를 소개해 볼 것을 추천한다. 이 예화는 간단히 "시계 예화"라고 부르기도 하며, 앞장에서 인간의 눈을 망원경과 비교했던 바로 그 사람, 윌리엄 페일리가 처음으로 이야기했다.

친구에게 산책하는 상상을 해보라고 말하라.

길에 떨어진 시계

길을 건너다 시계를 발로 찬 것 같은 느낌이 든다. 그것은 태엽을 감는 구식 시계였다. 뒤판이 떨어져 나갔지만 여전히 가고 있다. 자세히 들여다보니 이 시계는 1초에 다섯 번 움직이도록 만들어진 용수철, 톱니바퀴, 피니언(맞물리는 한 쌍의 기어 중 톱니수가 적은 작은 기어), 베어링으로 구성된 복잡한 기계였다. 그 시계의 각 부품을 세어 보면 43개의 부품이 모두 조화롭게 작동하는 것을 알 수 있다. 동력을 제공하는 큰 태엽이 있고, 시침과 분침과 초침을 움직이게 하는 톱니바퀴들이 있으며, 톱니바퀴가 움직이는 속도를 일정하게 조정하는 제어 장치도 있다. 이 부품 중 어느 하나라도 크기가 맞지 않거나 잘못 배치된다면, 시계는 전혀 움직이지 않을 것이다. 이 시계를 들여다본 다음 당신은 어떤 결론을 내릴 것인가? 그것은 자연적인 결과인가, 우연의 산물인가, 솜씨 좋고 꼼꼼한 기술자의 작품인가? 우리는 그것이 숙련된 시계공의 작품이라는 것을 상식적으로 알 수 있다.

그런 다음 페일리는 이렇게 결론을 내린다. 시계 안에서 우리는 그 시계가 설계되었다는 수많은 증거를 찾을 수 있다. 자연을 볼 때 똑같은 증거를 훨씬 더 많이 발견할 수 있다. 수백만의 독자들이 그가 제시한 논증의 힘을 인정했으며 아직도 많은 사람들이 이 예화를 기억한다.

흥미롭게도 페일리가 시계 예화를 생각해 내기 몇 해 전에 프랑스의

이렇게 답하라 예화로 풀어보는 기독교 변증

젊은 지식인도 이와 비슷한 주장을 펼쳤다. 볼테르는 성공한 시인이자, 소설가, 과학자, 철학자였다. 그리고 그는 여전히 프랑스 최고의 지성으로 손꼽힌다. 볼테르는 기독교를 경멸했지만 지적 설계자의 존재는 마지못해 인정할 수밖에 없었다. 왜 그랬을까? 바로 시계 때문이었다. 볼테르는 이렇게 말했다. "시계가 시계공의 존재를 증명하지만 우주는 그것을 만든 위대한 설계자의 존재를 증명하지 못한다고 할 것 같으면 차라리 바보라는 소리를 듣겠다." [9]

더 읽어볼 책

알리스터 맥그래스, 『도킨스의 신』 (SFC출판부 역간, 2007).

알리스터 맥그래스 · 조애나 맥그래스, 『도킨스의 망상』 (살림 역간, 2008).

윌리엄 뎀스키, 『지적 설계』 (IVP 역간, 2002).

필립 존슨, 『다윈주의 허물기』 (IVP 역간, 2000).

필립 존슨, 『심판대 위의 다윈』 (까치글방 역간, 2006).

필립 존슨, 『위기에 처한 이성』 (IVP 역간, 2000).

필립 존슨, 『진리의 쐐기를 박다』 (좋은씨앗 역간, 2005).

맺음말

솔직해지자. 우리 대부분은 친구나 가족과 영적인 주제에 대해 더 많이 이야기하지 않는다는 죄책감과 씨름하고 있다. 그리고 기회가 주어진다면 하나님과 성경과 우리의 믿음에 대해서 우리가 알고 있는 모든 것을 친구들에게 이야기해 줌으로써 이런 죄책감을 덜고 싶어 한다. 다시 말해서, 우리들 대부분은 한 작가가 말한 "의제 불안"이라는 것 때문에 괴로워하는 것이다. 이것은 대화 상대의 영적인 상태와 관계없이 한 주제에 대해 "모든 것을 다 이야기하려는" 중압감을 의미한다.[1]

당신이 방금 다 읽은 이 책도 의제 불안을 불러일으킬 수 있다. 예화로 가득한 책을 읽는 위험은 대화를 하는 중에 모든 예화를 다 써먹고 싶은 마음이 생기게 한다는 것이다. 하지만 그렇게 한다면 친구나 동료를 당황하게 만들 뿐이다. 당신의 믿음을 다른 이들과 나눌 때의 목표는, 머릿속에 예화의 체크리스트를 만들고 대화를 하면서 예화 하나를 들려줄 때마다 목록을 하나씩 지워 가는 것이 아니다. 목표는 친구로 하여금 당신과 생각을 교환하고 함께 생각해 볼 수 있는 대화에 참여하게 만드는 것이다.

이 책에 있는 예화를 들려주기 전에 먼저 해야 할 일이 하나 있다. 잠언 18장 13절에서는 "다 들어 보지도 않고 대답하는 것은, 수모를 받기에 알맞은 어리석은 짓이다"(표준새번역)라고 말한다. 왜 듣는 것이 그리도 중요할까? 듣는 것을 소홀히 할 때 (알지 못하고 이야기하므로) 어리석고 (상대를 열등한 존재로 취급하기에) 수치스러운 방식으로 상대방을 대할 수밖에 없기 때문이다. 지혜로운 대화자는 성급히 이야기하지 않으며, 상대방을 잘 이해할 때 그로부터 호감을 살 수 있다는 것을 안다(잠 13:15).

듣는 것이 중요하다는 것은 아무리 강조해도 지나치지 않다. 상대에게 대답하기 전에 그가 무엇을 믿는지 정확히 알아보도록 하라. 오스 기니스는 어려운 문제에 대해서 이야기할 때 "처음에 해야 할 대답은 **해답이 없다**는 것이다. 왜냐하면 **먼저** 제대로 들은 다음에야 제대로 된 해답을 말할 수 있기 때문이다"라고 말했다.[2]

친구나 이웃이 우리의 이야기에 귀를 기울이기를 원한다면 먼저 우리가 그들의 이야기에 귀를 기울여야 한다. 다른 이들이 우리의 신념에 주의를 기울이기를 원한다면 우리도 먼저 그들의 신념에 주의를 기울여야 한다. 다른 이들이 우리와 공통 기반을 갖게 되기를 원한다면 우리도 먼저 그렇게 해야 한다. 그렇게 함으로써 가장 소중한 사람들과 하나님에 관한 대화를 나누고 싶은 우리의 가장 깊은 갈망을 이룰 수 있는 대화의 분위기를 만들게 될 것이다.

이렇게 답하라 예화로 풀어보는 기독교 변증

감사의 글

우리는 이 책의 원고를 읽고 귀중한 통찰력과 격려를 전해 준 바이올라 대학교의 모든 동료들과 친구들에게 감사의 마음을 전합니다. 존 런드와 매트 윌리엄스, 에릭 테니스, 데이브 호너, 마이크 론지나우, 봉크, 스테이시 머쉐이키언에게 감사합니다.

나, 팀 뮬호프는 2006년 봄 학기 사회적 유형론 수업에 참여한 학생들에게 특별히 감사드립니다. 그 학생들은 수업을 통해 이 책의 초기 원고를 기꺼이 들어 주었고 솔직한 통찰을 제공했으며 이 프로젝트를 위해 기도와 성원을 보냈습니다. 제목을 다듬어 준 매트 스콜리노스에게 특별히 감사드립니다. 예화를 찾아내고 만들어 낼 수 있도록 처음부터 끝까지 열성적으로 이 프로젝트를 도와준 토드 루이스에게 감사합니다. 루이스, 당신의 마음은 언제나 열려 있었죠. **언제나처럼** 말도 안 되는 수많은 예화에 귀를 기울이고 나의 능력과 비전을 믿어 준 아내에게 감사합니다. 노린, 당신은 사랑과 지지, 그리고 도움의 본보기랍니다.

나, 모어랜드는 이 책을 쓸 수 있는 시간을 제공해 준 에이도스 크리스천 센터(Eidos Christian Center)에 감사드립니다. 예수의 사랑과 하나님 나라의 능력을 경험할 수 있는 공동체가 되어 준 애너하임 빈야드 교회의 형제자매들에게도 감사합니다. 또한 이 책의 아이디어를 시험해 볼 수 있는 장소를 마련해 준 국제 기독교 학교 협회(ACSI)의 회원들에게도 감사드립니다. 마지막으로, 왜 예수님이 진실로 길이요 진리요 생명이신지를 사람들이 이해할 수 있도록 돕는 일에 열심을 다하는, 주 예수의 신실하고 지혜로운 제자들이 어떤 것인지 모범을 보여준 복음주의철학학회의 친구들에게 감사합니다. 특별히 깊이 있는 사고와 탁월한 삶, 대위임령을 향한 끊임없는 열정을 보여 준 크레이그 헤이즌에게 감사의 마음을 전합니다.

미주

Notes

1장 예화의 힘

1) "Illustrations", *Communication Center* notes, 1985에서 인용.

2) R. W. Dale, *Nine Lectures on Preaching* (New York: Hodder & Stoughton, 1902), p.165.

2장 대재앙을 일으킨 하나님이 선하다고? (1)

1) Cornelius Plantinga Jr., *Beyond Doubt: Faith-Building Devotions on Questions Christians Ask* (Grand Rapids: Eerdmans, 2002), p.28.

2) C. S. Lewis, *A Grief Observed* (New York: Bantam, 1976, 『헤아려 본 슬픔』, 홍성사 역간), p.4.

3) 같은 책, p.4.

4) Jürgen Moltmann, *The Trinity and the Kingdom* (San Francisco: Harper & Row, 1981, 『삼위일체와 하나님의 나라』, 대한기독교출판사 역간), p.47

5) 이 두 장에서 제시된 답변과 관점은 우리의 개인적인 신학적, 철학적 입장을 반영한다. 우리는 우리의 입장이 악의 문제를 해결할 수 있는 유일한 방법이라고 주장하지 않는다. 다른 관점에 관해서는 다음 자료를 참고하라. D. A. Carson, *How Long, O Lord? Reflections on Suffering and Evil* (Grand Rapids: Baker, 1990)과 John Feinberg, *The Many Faces of Evil: Theological Systems and the Problem of Evil*, 2nd ed. (Wheaton, Ill: Crossway, 2004).

6) Norman Geisler and Ron Brooks, *When Skeptics Ask* (Wheaton, Ill: Victor, 1990), p.62.

7) Jean-Paul Sartre, *Being and Nothingness* (New York: Pocket, 1984, 『존재와 무』, 삼성출판사 역간), p.478.

8) 이 말은 하나님이 악으로 가득한 세상을 멸망시킬 마감 시한을 절대로 정하지 않으신다는 뜻이 아니다. 요한은 요한계시록 21장에서 하나님이 언젠가 새 하늘과 새 땅을 내리실 것이며 모든 행악자들을 심판하시고 하나님의 백성들 가운데에 거하시며 의인의 눈에서 모든 눈물을 닦아 주실 것이라고 말한다(4절). 하나님은 반역하는 인간을 위해 오래 참으시며 아무도 멸망하지 않고 다 회개하는 데에 이르기를 원하시기 때문에 심판을 위한 시한이나 새로운 질서를 세우실 시간을 서둘러 정하지 않으신다고 베드로는 말한다(벧후 3:9).

9) J. B. Phillips, *God Our Contemporary* (New York: Macmillan, 1960), p.56.

10) C. S. Lewis, *The Problem of Pain* (New York: Macmillan, 1986, 『고통의 문제』, 홍성사 역간), p.93.

11) Philip Yancey, *Where Is God When It Hurts?* (Grand Rapids: Zondervan, 1977, 『내가 고통당할 때 하나님은 어디 계십니까?』, 생명의말씀사 역간), p.56.

12) 이 예화는 Cornelius Plantinga, *Beyond Doubt*, pp.32-33에서 영감을 얻은 것이다.

13) Alvin Plantinga, "A Christian Life Partly Lived", in *Philosophers Who Believe*, ed. Kelly James Clark (Downers Grove, Ill: InterVarsity Press, 1993, 『기독교 철학자들의 고백』, 살림출판사 역간), p.72.

14) William Lane Craig, *No Easy Answers: Finding Hope in Doubt, Failure and Unanswered Prayer* (Chicago: Moody Press, 1990), p.102.

이렇게 답하라 예화로 풀어보는 기독교 변증

3장 대재앙을 일으킨 하나님이 선하다고? (2)

1) Mimi Hall, "Testimony: FEMA Chief Slow to Grasp Enormity of Katrina", *USA Today*, October 21, 2005, G1에서 인용.

2) Fann S. Wenner, "Bono's Prayer", *Rolling Stone*, November 3, 2005, p.62.

3) Millard J. Erickson, *Christian Theology* (Grand Rapids: Baker, 1985, 『복음주의 조직신학』, 전 2권, 크리스챤다이제스트 역간), p.639.

4) Robert Lightner, *Heaven for Those Who Can't Believe* (Schaumburg, Ill: Regular Baptist Press, 1977), pp.34-42.

5) John MacArthur, *Safe in the Arms of God: Truth from Heaven About the Death of a Child* (Nashville: Thomas Nelson, 2003), p.82. 계속해서 맥아더는 이렇게 말한다. "하나님에 대한 반역은 하나님에 대한 의도적이며 고의적인 증오에 기초하기 때문에 어린 아이는 하나님에게 반역할 수가 없다. 예언자 이사야를 통하여 주께서는 '대저 이 아이가 악을 버리며 선을 택할 줄 알기 전에 네가 미워하는 두 왕의 땅이 황폐하게 되리라' 라고 말씀하신다 (사 7:16). 주께서는 한 사람이 의도적으로 하나님에 대해 반역하는 선택을 할 수 없는 상태를 어린 아이의 때와 같다고 말씀하신다." (pp.84-85) 노먼 가이슬러 역시 이 점을 분명히 밝히면서 사람들이 "하나님의 도덕법(롬 2:15)에 대해 지각하게" 될 때(대략 네 살에서 열두 살 사이의 시기) 자기 행위에 책임을 지게 된다고 주장한다. "아이들은 자기 행동이 하나님의 도덕법을 거스른다는 것을 알 수 있을 정도로 나이를 먹은 후에야 도덕적으로 책임을 지게 된다." (Norman Geisler, *Baker Encyclopedia of Christian Apologetics* [Grand Rapids: Baker, 1999], p.364.)

6) Erickson, *Christian Theology*, p.638.

7) 같은 책, p.639.

8) Curt Anderson, "Across U.S., Beating Homeless for 'Sport' Not New", *Orange County Register*, January 20, 2006, p.21.

9) Randy Newman, *Questioning Evangelism: Engaging People's Hearts the Way Jesus Did* (Grand Rapids: Kregel, 2004), p.113에서 인용.

10) C. Stephen Evans, *Why Believe? Reason and Mystery as Pointers to God* (Grand Rapids: Eerdmans, 1996), p.102.

11) Philip Yancey, *Disappointment with God* (Grand Rapids: Zondervan, 1988, 『하나님, 당신께 실망했습니다』, 좋은씨앗 역간), p.64.

12) Alvin Plantinga, "A Christian Life Partly Lived", in *Philosopher Who Believe*, ed. Kelly James Clark (Downers Grove, Ill: InterVarsity Press, 1993), p.72.

13) Allen G. Breed, "Miners Wrote Farewell Messages", *Boston Globe*, January 6, 2006에서 인용. 〈www.boston.com/news/nation/articles/2006/01/06/miners_wrote_farewell_messages〉를 보라.

4장 모든 종교가 다 똑같지 뭐! (1)

1) James L. Garlow, *A Christian's Response to Islam* (Colorado Springs: Victor, 2005), p.14.

2) Ron Rhodes, *Reasoning from the Scriptures with Muslims* (Eugene, Ore: Harvest House, 2002), p.7.

3) 2001년 미국 종교적 정체성 조사(American Religious Identity Survey, Graduate Center, City University of New York)에 근거함. 〈www.gc.cuny.edu/faculty/research_briefs/aris/aris_index.htm〉을 보라.

4) 미국 세계 선교센터(United States Center for World Missions)의 2002년 통계

이렇게 답하라 예화로 풀어보는 기독교 변증

자료에 근거함. ⟨www.uscwm.org⟩를 보라.

5) John Stott, *The Contemporary Christian* (Downers Grove, Ill: InterVarsity Press, 1992, 『현대를 사는 그리스도인』, IVP 역간), p.298.

6) S. Radhakrishnan, *The Hindu View of Life* (New York: Macmillan, 1974), pp.28-35.

7) "Religious Groups Sign Ethics Agreement", *Raleigh News and Observer*, September 2, 1993, 1C.

8) 일부 힌두교도는 수천의 신과 여신을 통해서 자기를 드러내는 비인격적인 초월적 존재(브라만)가 있다고 믿는다. 하지만 이러한 견해는 하나님에 대한 이슬람교, 불교, 유대교, 기독교의 주장과 여전히 모순을 이룰 것이다.

9) 기독교의 삼위일체 교리는 이슬람교의 가르침과 직접적으로 모순을 이룬다 (코란 19:34-35). 이슬람교도에게 있어 삼위일체를 믿는다는 것은 다른 신들을 예배하는 것을 의미하며, 이는 엄격하게 금지된 일이다. 그리스도가 하나님이라는 개념 또한 유대교의 핵심 신앙과 모순을 이룬다.

10) 마이클 그린은 *But Don't All Religions Lead to God?* (Grand Rapids: Baker, 2002)에서 미로의 개념을 암시한 바 있다.

11) Philip Yancey, *Open Windows* (Nashville: Thomas Nelson, 1985), p.197.

12) 그리스도인들과 이슬람교도 사이의 가장 중요한 차이점은, 그리스도를 따르는 이들은 기독교 공동체 내부와 외부에 있는 가난한 이들을 돌보라는 명령을 받았다는 것이다. 이슬람교도는 이슬람 공동체 안에 있는 이들을 돌보라는 명령만 받았다.

13) Peter Kreeft, *Making Sense out of Suffering* (Ann Arbor, Mich: Servant, 1986), p.1.

14) 크리프트는 "열반이, 질병(자기중심성과 이기심)을 치료하기 위해 환자(자기,

나, 자아)를 죽이는 영적 안락사라는 생각을 지울 수가 없다. 그렇다. 불교에서는 미워하고 고통당하는 나를 없애려 한다. 하지만 동시에 그것은 사랑하는 나이기도 하다”라고 말했다(같은 책, p.4).

15) C. S. Lewis, *The Four Loves* (New York: Harcourt Brace Jovanovich, 1960, 『네 가지 사랑』, 홍성사), p.96.

16) Jim Beverly, “Buddhism's Guru,” *Christianity Today*, June 11, 2001, pp.69-70.

17) Norman Anderson, *The World's Religions* (Grand Rapids: Eerdmans, 1975, 『세계의 종교들』, 생명의말씀사 역간), p.174.

18) “Bono: Grace over Karma” 에서 발췌. ⟨www.christianitytoday.com/music/interviews/2005/bono-0805.html⟩을 보라.

19) Beverly, “Buddhism's Guru”, p.71.

20) Lorraine Orris, *Islam 101: Reaching Out with Understanding* (Peachtree City, Ga: New Life, 2004), pp.76-79.

21) David Clark, “Religious Pluralism and Christian Exclusivism”, in *To Everyone an Answer*, ed.

22) 같은 책, p.305.

23) Jerry Adler, “Spirituality in America”, *Newsweek*, August 29-September 5, 2005, p.48.

24) John Berthrong, *The Divine Deli: Religious Identity in the North American Cultural Mosaic* (Maryknoll, NY: Orbis, 1999), p.15.

25) Ahn, Do, “Dalai Lama's Message Universal”, *Orange County Register*, local edition, September 22, 2006, p.2.

26) Anna Weggel, "Buffet Meals Linked to Weight Gain", *Minnesota Daily*, October 29, 2004, 1D.

5장 모든 종교가 다 똑같지 뭐! (2)

1) Richard Spencer, "Millions All over China Convert to Christianity", *Washington Times*, August 3, 2005, A1, A11.

2) 코란은 그리스도의 동정녀 탄생, 죄 없으신 삶, 그리스도가 기적을 행할 수 있는 능력을 가지시며 알라의 예언자들 중에서 특별한 지위를 차지하신다는 점을 인정한다. 그러나 그리스도의 신성(코란 5:78)과 죽음(코란 4:157)과 부활은 단호하게 거부한다.

3) 오늘날 이러한 세 가지 선택의 가능성을 우회하는 방식 중 가장 인기 있는 것은, 예수님은 결코 스스로 하나님이라고 선언하지 않으셨다고 주장하는 것이다. 예수의 신성에 대한 모든 주장은 전설적인 요소가 성경 본문 안에 서서히 침투한 결과라는 것이다. 우리는 부활에 대해서 논의할 때 이러한 반론에 대해 자세히 다루도록 할 것이다.

4) C. S. Lewis, *Mere Christianity* (New York: Macmillan, 1984, 『순전한 기독교』, 홍성사 역간), p.41.

5) John Shelby Spong, *Why Christianity Must Change or Die: A Bishop Speaks to Believers in Exile* (San Francisco: HarperSanFrancisco, 1998, 『기독교 변하지 않으면 죽는다』, 한국기독교연구소 역간).

6) K. Campbell, *Man Cannot Speak for Her: Key Texts of the Early Feminists* (New York: Greenwood, 1989), p.34에서 인용.

7) 성경 연구와 더불어 아래의 자료를 참고하라. Millard Erickson, *How Shall They Be Saved? The Destiny of Those Who Do Not Hear of Jesus* (Grand

Rapids: Baker, 1996), Norman Anderson, "A Christian Response to Comparative Religion", in *The World Religions*, ed. Norman Anderson (Grand Rapids: Eerdmans, 1975), pp.228-37, Ravi Zacharias, "It's Offensive to Clam Jesus Is the Only Way to God", in Lee Strobel, *The Case for Faith* (Grand Rapids: Zondervan, 2000, 『특종! 믿음 사건』, 도서출판 두란노 역간), pp.145-67.

8) 밀러드 에릭슨은 *How Shall They Be Saved?*에서 여러 다른 입장을 개괄적으로 소개하면서 철저하게 비판하고 있다.

9) American Bar Association Model Code of Judiciary Conduct, May 2004. 전문을 읽어 보려면 미국변호사협회(American Bar Association)의 웹사이트 (www.abanet.org)로 가서 "Code of judiciary conduct"를 검색해 보라.

10) David L. Edwards and John Stott, *Evangelical Essentials* (Downers Grove, Ill: InterVarsity Press, 1989, 『자유주의자와의 대화』, 전 3권, 여수룬 역간), pp.323-324.

6장 부활이란 게 어디 있어? (1)

1) 윌리엄 레인 크레이그는 "부활이 사실이라는 것을 알 수 있는 두 가지 길이 있다. 성령의 길과 역사적 탐구의 길이 바로 그것이다. 전자는 부활에 대한 영적 확실성을 제공한다면, 후자는 부활에 대한 합리적인 확실성을 제공한다"라고 말했다. *The Son Rises* (Eugene, Ore: Wipf & Stock, 1981), p.8.

2) 사도들의 죽음에 관한 교회의 전승에 대해서 더 알아보기 위해서는 다음의 자료를 보라. W. H. C. Frend, *Martyrdom and Persecution in the Early Church* (Grand Rapids: Baker, 1981); Paul Maier, *Eusebius-The Church History: A New Translation with Commentary* (Grand Rapids: Kregel, 1999);

 이렇게 답하라 예화로 풀어보는 기독교 변증

Herbert Workman, *Persecution in the Early Church* (New York: Oxford University Press, 1980).

3) Craig, *Son Rises*, p.24에서 인용.

4) http://www.usatoday.com/news/education/2007-04-26-mit-admissions-dean-out_N.htm

5) 마가는 열두 제자 중의 한 명은 아니었지만, 교회의 전승에 따르면 마가복음이 베드로의 영향을 크게 받았다고 한다.

6) 「오프라 윈프리 쇼」, 2006년 1월 16일.

7) "The Man Who Conned Oprah", *Smoking Gun*, January 8, 2006. 〈www.thesmokinggun.com/jamesfrey/0104061jamesfrey1.html〉을 보라.

7장 부활이란 게 어디 있어? (2)

1) William Lane Craig, *Reasonable Faith* (Wheaton, Ill: Crossway, 1984, 『오늘의 기독교 변증학』, 그리스도대학교출판국 역간), p.275.

2) 우리는 이러한 사실을 그레고리 보이드 박사를 통하여 깨닫게 되었다.

3) Amy Dorsett, "Crockett Legend Dies Hard", *Raleigh News & Observer*, March 31, 2004, 13E.

4) Jeff Long, *Duel of Eagles: The Mexican and U.S. Fight for the Alamo* (New York: Quill William Morrow, 1990).

5) 요한복음의 기록 연대는 이 장의 논의 범위를 넘어서는 복잡한 문제이다. 요한복음의 문제와 관련된 훌륭한 논의는 Craig Blomberg, *The Historical Reliability of John's Gospel: Issues and Commentary* (Downers Grove, Ill: InterVarsity Press, 2001)를 보라.

6) 사도행전의 기록 연대에 관한 자세한 논증을 위해서는 Colin J. Hermer and

Conrad Gempf, eds., *The Book of Acts: The Setting of Hellenistic History* (Winona Lake, Ind: Eisenbrauns, 1990), pp.365-410를 보라.

7) 이 예화는 Norman Geisler and Frank Turek, *I Don't Have Enough Faith to Be an Atheist* (Wheaton, Ill: Crossway, 2004), p.238에서 아이디어를 얻은 것이다.

8) 같은 책.

9) Jonathan Darman, "The Wrath of Oprah", *Newsweek*, February 6, 2006, p.42.

10) Charles Colson, *A Dangerous Grace* (Dallas: Word, 1994), p.81.

11) 같은 책, p.82.

8장 그건 네 생각이지! (1)

1) Stanley Bing, *What Would Machiavelli Do? The Ends Justify the Meanness* (New York: HarperCollins, 2000, 『마키아벨리라면 어떻게 할까?』, 해냄출판사 역간), p.78.

2) Josh McDowell and Thomas Williams, *In Search of Certainty* (Wheaton, Ill: Tyndale, 2003), p.46.

3) 이 예화는 Francis Beckwith and Gregory Koukl, *Relativism: Feet Firmly Planted in Mid-Air* (Grand Rapids: Baker, 1998)에서 아이디어를 얻은 것이다.

4) John Keegan, "How Hitler Could Have Won the War", in *What If? The World's Foremost Military Historians Imagine What Might Have Been*, ed. Robert Crowley (New York: Berkeley, 2000, 『만약에』, 세종연구원 역간), pp.295-305.

5) Norman Geisler and Frank Turek, *I Don't Have Enough Faith to Be an Atheist* (Wheaton, Ill: Crossway, 2004), p.175.

 이렇게 답하라 예화로 풀어보는 기독교 변증

6) John Hane, "Three Bosnian Serbs on Trial on Charges of Running 'Rape Factories' ", *Raleigh News & Observer*, March 21, 2000, 7A.

7) Beckwith and Koukl, *Relativism*, p.23.

8) J. Budziszewski, *Written on the Heart: The Case for Natural Law* (Downers Grove, Ill: InterVarsity, 1997), p.171.

9) 이 토론의 전문은 〈www.renewamerica.us/archives/speeches/00_09_27 debate.htm〉에서 볼 수 있다.

10) John Healy, Amnesty International fundraising letter, 1991. William Lane Craig and Walter Sinnott-Armstrong, *God? The Great Debate* (New York: Oxford University Press, 2004), p.18에서 재인용.

11) McDowell and Williams, *In Search of Certainty*, p.53.

12) John Warwick Montgomery, *The Law Above the Law: Why the Law Needs Biblical Foundations* (Minneapolis: Dimension, 1975), pp.22-24.

13) Richard L. Rubenstein, *Review of Morality After Auschwitz: The Radical Challenge of the Nazi Ethic*, by Peter J. Haas, *Journal of the American Academy of Religion 60* (1992): pp.158-159.

14) Geisler and Turek, *I Don't Have Enough Faith*, p.189에서 인용.

15) Montgomery, *Law Above the Law*, p.24.

9장 그건 네 생각이지! (2)

1) Os Guinness, *Time for Truth: Living Free in a World of Lies, Hype & Spin* (Grand Rapids: Baker, 2000, 『진리, 베리타스』, 누가 역간), p.103.

2) Francis Beckwith and Gregory Koukl, *Relativism: Feet Firmly Planted in Mid-Air* (Grand Rapids: Baker, 1998), p.56.

3) 같은 책.

4) C. S. Lewis, *Mere Christianity* (New York: Macmillan, 1960), p.21.

5) 같은 책, p.19.

6) Os Guinness, *Unspeakable: Facing Up to Evil in an Age of Genocide and Terror* (San Francisco: HarperCollins, 2005, 『오스 기니스, 고통 앞에 서다』, 생명의말씀사 역간), p.37에서 인용.

7) Lewis, *Mere Christianity*, p.31.

8) C. Stephen Evans, *Why Believe? Reason and Mystery as Pointers to God* (Grand Rapids: Eerdmans, 1996), p.43.

9) Paul Rogat Loeb, *Soul of a Citizen: Living with Conviction in a Cynical Time* (New York: St. Martin's Griffin, 1999), p.14에서 인용.

10) Martin Luther King, "Letter from a Birmingham City Jail", in *The World Treasury of Modern Religious Thought*, ed. Jaroslav Pelikan (Boston: Little, Brown & Co., 1990), p.611.

11) Guinness, *Time for Truth*, pp.21-23에서는 이 예화를 더 자세히 소개한다.

12) Stanley Bing, *What Would Machiavelli Do? The Ends Justify the Meanness* (New York: HarperCollins, 2000), p.117.

10장 아직도 창조를 믿니? (1)

1) Claudia Wallis, "Evolution Wars", *Time*, August 15, 2005, p.27.

2) William Paley, *Natural Theology* (1802; reprint, New York: Oxford University Press, 2006), pp.8-16.

3) C. Stephen Evans, *Why Believe? Reason and Mystery as Pointers to God* (Grand Rapids: Eerdmans, 1996), p.37.

4) Roger Fisher and William Ury, *Getting to Yes: Negotiating Agreement Without Giving In* (New York: Penguin, 1991, 『YES를 이끌어내는 협상법』, 도서출판 장락 역간), p.27.

5) Charles Darwin, *On the Origin of the Species* (1876; reprint, New York: New York University Press, 1988, 『종의 기원』, 동서문화동판주식회사 역간), p.151.

6) Michael J. Behe, "Evidence for Design at the Foundation of Life", in *Science and Evidence for Design in the Universe*, ed. Michael Behe, William Dembski and Stephen Meyer (San Francisco: Ignatius, 2000), p.119.

7) Charles Darwin, *The Life and Letters of Charles Darwin*, ed. F. Darwin (London: John Murray, 1888), 2:273.

8) Behe, "Evidence for Design", p.119.

9) 같은 책.

10) 비히는 "예를 들어서, 우리가 쥐덫을 진화시키고자 한다면 어디부터 시작해야 할까? 그저 나무판으로부터 시작한다면 비효율적이기는 하지만 쥐 몇 마리는 잡을 수 있을 것이라고 기대할 수 있을까? 그 다음, 한 번에 하나씩 다른 부품을 더해서 온전한 장치로 꾸준히 개선시킬 수 있을까? 아니다. 당연히 안 되는 것이다. 쥐덫은 완벽하게 조립이 되기 전에는 전혀 작동하지 않기 때문이다." (같은 책, p.120)

11) Rick James, "The Problem with Half an Eye", *Y-Origins*, 2004, p.39.

12) C. H. Spurgeon, *The Treasury of David: Psalms 111-150* (Grand Rapids: Zondervan, 1968, 『스펄전의 시편 강해』, 생명의말씀사 역간), p.279.

11장 아직도 창조를 믿니? (2)

1) Robin Collins, "The Evidence of Physics: The Cosmos on a Razor's Edge",

in Lee Strobel, *The Case for a Creator: A Journalist Investigates Scientific Evidence That Points to God* (Grand Rapids: Zondervan, 2004, 『창조 설계의 비밀』, 도서출판 두란노 역간), p.130.

2) Larry Chapman, Rick James and Eric Stanford, "What Are the Odds?", *Y-Origins*, 2004, p.21.

3) J. P. Moreland and Kai Nielsen, *Does God Exist? The Great Debate* (Nashville: Thomas Nelson, 1990), p.35에서 인용.

4) Gerald Schroeder, *The Science of God: The Convergence of Scientific and Biblical Wisdom* (New York: Broadway Books, 1997), p.83에서 인용.

5) Peter Kreeft, *Fundamentals of the Faith: Essays in Christian Apologetics* (San Francisco: Ignatius, 1988), p.25.

6) 이 예화는 윌리엄 레인 크레이그와 쿠엔틴 스미스 사이의 논쟁에서 아이디어를 얻은 것이다. 이 논쟁의 전문은 〈http://www.leaderu.com/offices/billcraig/docs/craig-smith_harvard00.html〉에서 볼 수 있다.

7) Josh McDowell and Thomas Williams, *In Search of Certainty* (Wheaton, Ill: Tyndale, 2003), p.113에서 인용.

8) Kreeft, *Fundamentals of the Faith*, p.26.

9) Walter Elwell, ed., *Evangelical Dictionary of Theology* (Grand Rapids: Baker, 1984), p.449에서 인용.

맺음말

1) Reuel Howe, *The Miracle of Dialogue* (New York: Seabury, 1963, 『대화의 기적』, 대한기독교교육협회 역간), p.30.

2) Os Guinness, *Doubt* (Downers Grove, Ill: InterVarsity, 1976), p.43.

이렇게 답하라 예화로 풀어보는 기독교 변증

예화 색인

Index

이렇게 답하라 예화로 풀어보는 기독교 변증

■ 옮긴이 박세혁은 서울대학교 서양사학과(BA), 연세대학교 대학원 신학과(ThM), 에모리대학교 캔들러신학대학원(MDiv, ThM)에서 공부했고, GTU(Graduate Theological Union)에서 PhD 과정(미국 종교사 전공)을 밟고 있다.

옮긴 책에는 로저 올슨의 『오두막에서 만난 하나님』(살림), 레이 프리차드의『(레이 프리차드의 사도신경 풀이) 내가 믿사오며』와『하나님을 누가 만들었을까』, 에드 영의『지금 나는 두렵다』, 고든 스미스의『분별의 기술』(이상 사랑플러스)등이 있다.

이렇게 답하라
예화로 풀어보는 기독교 변증

Copyright ⓒ 새물결플러스 2009

1쇄발행 2009년 9월 7일
4쇄발행 2018년 4월 10일
지은이 J. P. 모어랜드·팀 뮬호프
옮긴이 박세혁
펴낸이 김요한
펴낸곳 새물결플러스

편집 왕희광 정인철 최율리 박규준 노재현 한바울 신준호 정혜인
　　　김태윤 이형일 서종원
디자인 이성아 이재희 박슬기 이새봄
마케팅 박성민 조광수
총무 김명화 이성순
영상 최정호 조용석 곽상원
아카데미 유영성 최경환 이윤범

홈페이지 www.holywaveplus.com
이메일 hwpbooks@hwpbooks.com
출판등록 2008년 8월 21일 제2008-24호
주소 (우) 07214 서울특별시 영등포구 양평로 11, 4층(당산동5가)
전화 02) 2652-3161
팩스 02) 2652-3191

978-89-9615-925-4 03230

책값은 뒤표지에 있습니다.